Zauberlehrling 3

Richtig schreiben

Grundschrift

Herausgegeben von
Ute Steinleitner

Erarbeitet von
Kathrin Eggensperger und Ute Steinleitner

Illustriert von Silke Reimers

★ Inhalt

Mein Name ist Amanda. Ich schaue mir die Wörter genau an.

Ich bin der Zauberer Fridolin. Ich helfe dir beim Schreiben.

Ich heiße Felix. Ich höre alle Laute in den Wörtern.

Das bedeuten diese Zeichen:

Sprich die Wörter ganz deutlich.

Sprich in Silben.
offene Silbe
geschlossene Silbe

Achte auf die Großschreibung.

Halte dich an Amandas Aufschreibregeln. Du findest sie vorne in der Klappe und auf S. 14.

Denke gut nach, dann weißt du, wie man die Wörter richtig schreibt.

Markiere die Aufpass-Stelle gelb.

Diese Wörter musst du dir gut merken.

Markiere die Aufpass-Stelle rot.

Schreibe in dein Heft.

Das bedeuten die Aufgabensymbole:

1 üben   2 anwenden   3 weiterführen

1   Sprich die Wörter zu den Bildern deutlich. Schreibe sie dann auf.
    Kontrolliere mithilfe deiner Wörterliste.

2   Achte beim Sprechen auf das **r**. Ordne die Wörter nach dem **Abc**.

Arm – morgen – Eltern – schwarz – Wurst – Kerze – gestern – Dorf

Erde – stark – Garten – merken – Tor – Tür – warten – hart

3   Obst und Gemüse! Schreibe auf.

4

– Lehrerkommentar S. 13 / KV 2

👄 ① Sprich die Wörter ganz deutlich und schreibe sie in Sprechsilben zerlegt auf.

Ap-fel-baum,

👄 ② Setze die Bilder zu lautgetreuen Wörtern zusammen.

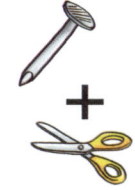 +  + 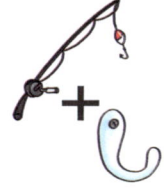 +  +  +  +

---

③ Finde die zehn Wörter, die nicht lautgetreu sind. Streiche sie durch.

Lautgetreue Wörter haben **keine** Aufpass-Stelle.

Mädchen – Baumrinde – Vogel – rückwärts – Monat –

schneiden – Clown – fahren – rechnen – Schuh – Bäume –

schaukeln – Meer – Bus – alt – Hund – Löwe – Handy

Das sind meine Lieblingswörter.

Das ist immer so: Ich höre SCHT und schreibe st/St: stehen, Stift

Ich spreche ...,
aber ich schreibe ...

Stift	Kind
Stern	Hund
still	rund
Stunde	Pferd

Sport	Quadrat
spielen	quaken
Spaß	Quelle

Wer steckt in mir?

Äpfel	Bäume
Gräser	Häuser
schläft	läuft
älter	Mäuse

In Mäuse steckt die Maus.

① Ordne die folgenden Wörter in die richtige Spalte ein.
Markiere die Aufpass-Stelle gelb.

Stein – Freund – Weg – sprechen– quaken – Bild – Sportler – stark –

Quadrat – Berg – gesund – Freitag – stehen – sparen – Quelle

Ich höre SCHT und schreibe st/St.	Ich höre SCHP und schreibe sp/Sp.	Ich höre KW und schreibe qu/Qu.	Ich höre T und schreibe d.	Ich höre K und schreibe g.
Stein				

② Suche zur letzten Zeile von Aufgabe 1 je ein weiteres Wort. Die Wörterliste hilft dir.

③ Welches Wort mit **a** oder **au** steckt in den Wörtern. Schreibe es dahinter.

Gräser – Gras	fällt –	Bäume –
Sätze –	fährt –	Kräuter –
Zähne –	hält –	Sträucher –
_____ – _____		_____ – _____
_____ – _____		_____ – _____

④ Suche weitere Beispielpaare für Aufgabe 3. Die Wörterliste kann dir helfen.

6

1. Ordne die folgenden Wörter in die richtige Spalte ein.
Markiere die Aufpass-Stelle rot.

zahlen – See – Baby – Vater – Haare – Computer – Jahr – von –

Boot – Cent – wohnen – viel – Schnee – fehlen – Pizza – voll

Vorsicht! Aufpass-Stelle stummes h	Vorsicht! Aufpass-Stelle aa, ee, oo	Vorsicht! Aufpass-Stelle v/V	Vorsicht! Wörter aus anderen Sprachen
zahlen			

2. Schreibe die Wörter zu den Bildern auf. Kontrolliere mithilfe der Wörterliste.
Hake ab und markiere die Aufpass-Stelle rot.

1 Es gibt Wörter mit einer, mit zwei und mit mehr Silben.
Finde passende Beispiele.
Die Wörterliste oder das Wörterbuch
können dir helfen.

eine Silbe	zwei Silben	mehr als zwei Silben

2 Sprich deine Wörter von Aufgabe 1 in Silben und setze die Silbenbögen darunter.

3 Schreibe die Namen der Tiere in Silben zerlegt auf. Die Wörterliste kann dir helfen.

Ra-be,

– Lehrerkommentar S. 17 / KV 5

 1 Markiere die Aufpass-Stellen. Ordne die Wörter dann in die richtige Spalte ein.

Mädchen – Eiche – Fuchs – Bäcker – Mütze – Pflanze – Frau –
Ameise – Flasche – Gräser – Wurst – Lehrer – Hamster –
Kastanie – Ärztin – Zeitung – Ziege – Käfer – Strauch – Füller

 2 Finde für die restlichen Zeilen von Aufgabe 1 eigene Beispiele.
Die Wörterliste kann dir helfen.

Verben sagen uns, was man tut.

In der **Grundform** haben sie meistens die **Endung -en**, selten **die Endung -eln** oder **-ern**.

fress**en**
budd**eln**
knabb**ern**

1 Schreibe das passende Verb zum Bild. Die Wörterliste hilft dir.

2 Schreibe zu den Bildern von Aufgabe 1 Sätze.

3 Welche Verben bilden Gegensätze? Male sie in der gleichen Farbe an.

beginnen	schweigen	öffnen	verbieten	gehen	schließen
erlauben	stehen	frieren	beenden	sprechen	schwitzen

4 Präge dir die Gegensatzpaare von Aufgabe 3 ein und schreibe sie auswendig auf.

1 Schreibe zu den Bildern passende Sätze.

2 Bilde mit den Wörtern sinnvolle Fragesätze.

ins Training du heute kommen	fahren dem Zug mit nach München Mama	Blumen kennen Lilia alle Bäume und

In der Wörterliste und im Wörterbuch sind die Wörter nach dem **Abc** geordnet.

Das **Abc** hilft uns, Wörter schnell zu finden.

Amanda
Felix
Fridolin

1 Ordne die Tiernamen nach dem **Abc**.

Floh – Bär – Esel – Gans – Löwe – Igel – Känguru – Chamäleon –
Marder – Nilpferd – Hund – Star – Ochse – Qualle – Tiger – Uhu –
Dachs – Vogel – Wolf – Amsel – Zebra – Jaguar – Pinguin – Ratte

2 Schlage die Lösungen in der Wörterliste nach.

Hilfe, um besser zu sehen	Tag nach dem Samstag
S.	S.

Gemüse, man weint beim Schneiden	5. Monat im Jahr	Jahreszeit, in der die großen Ferien sind.
S.	S.	S.

viele, viele Häuser	Man sperrt Tiere darin ein.	Großes Tier, das Milch gibt.
S.	S.	S.

– Lehrerkommentar S. 21 / KV 7

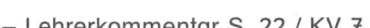

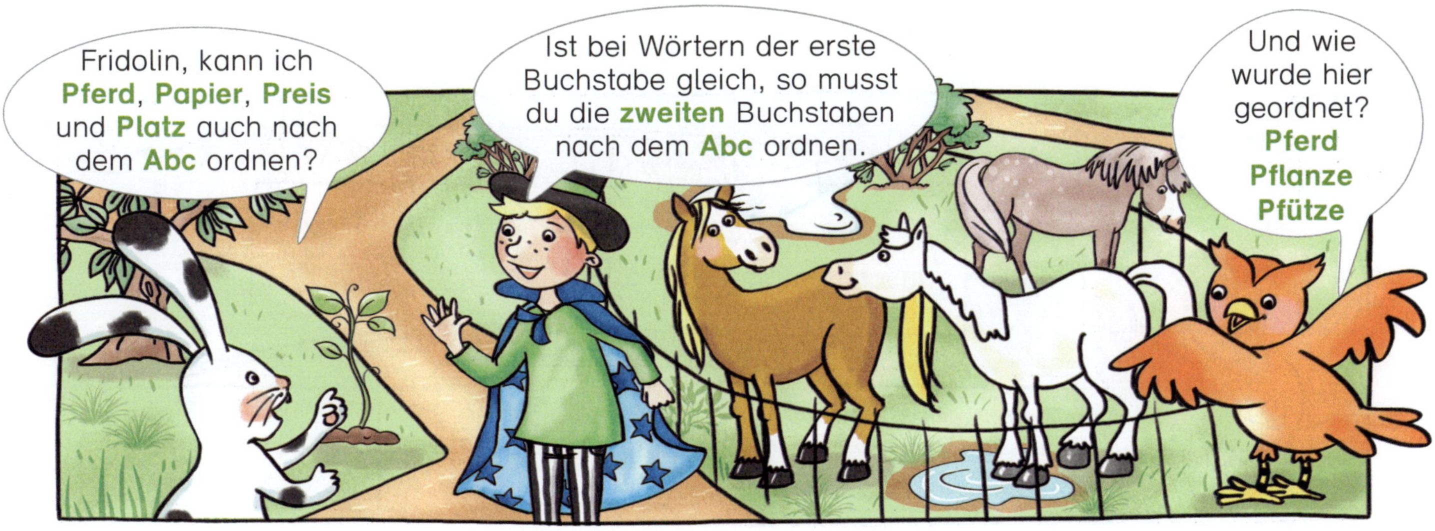
Fridolin, kann ich **Pferd**, **Papier**, **Preis** und **Platz** auch nach dem **Abc** ordnen?
Ist bei Wörtern der erste Buchstabe gleich, so musst du die **zweiten** Buchstaben nach dem **Abc** ordnen.
Und wie wurde hier geordnet? **Pferd** **Pflanze** **Pfütze**

1. Markiere den zweiten Buchstaben farbig. Ordne dann nach dem **Abc**.

Ferien – fahren – Flasche – Fische – Fuchs – fremd

Bus – Bild – blühen – Beispiel – Boden – Brief

2. Suche die Nachbarwörter aus der Wörterliste.

Benzin | Herbst | werden | zurück

3. Nummeriere die Wörter nach ihrer Reihenfolge im **Abc.**
Markiere den Buchstaben farbig, der beim Ordnen hilft.
Schreibe die Wörter dann in der richtigen Reihenfolge auf.

◯ müssen	◯ kriechen	◯ stark	◯ vergessen
◯ Meer	◯ kratzen	◯ stellen	◯ verkaufen
◯ Milch	◯ Kröte	◯ Stadt	◯ verstecken
◯ morgen	◯ Kreuzung	◯ Straße	◯ verlieren
◯ Maschine	◯ Krug	◯ stehen	◯ verbieten

– Lehrerkommentar S. 22 / KV 7

1 Arbeite mit diesen Wörtern nach Schritt 1 und 2.
Markiere die Aufpass-Stellen rot oder gelb.

Fußball	Gärtner	Vollmond
Maibaum	Zahnbürste	Novembertag
Regenwetter	Sonnenschein	Vogelhaus
Fuchsbau	Autofahrer	Schmetterling

2 Arbeite mit den Wörtern von Aufgabe 1 weiter, wie Amanda in Schritt 3 bis 5 erklärt.

3 Arbeite mit den Wörtern nach den Schritten 1 bis 5.

Frühling	Spinnennetz	Schneeglöckchen	Verkehr
Sommerhitze	Marienkäfer	Löwenzahn	Stoppschild
Herbststurm	Seesterne	Gänseblümchen	Straßenbahn
Schneemann	Schäferhund	Sonnenblume	Fahrrad

– Lehrerkommentar S. 23 / KV 8

1 Arbeite mit diesem Text so, wie du es gelernt hast. Decke beim Aufschreiben den jeweiligen Sinnschritt ab.

Ein neues Schuljahr

Jetzt sind wir schon

in der dritten Klasse.

Unsere Lehrerin teilt

den Zauberlehrling aus.

Fridolin verrät uns

seine vielen Tricks.

So lernen wir,

richtig zu schreiben.

2 Übe mit diesem Text das richtige Aufschreiben.

Im Herbst

Im Monat September I beginnt der Herbst.I Die Sonne steigt I

nicht mehr so hoch.I Die Tage werden kürzer.I Viele Vögel fliegen I

jetzt in den Süden.I Im Garten wird I das Gemüse geerntet.I

Der Herbst I schenkt uns I Äpfel und Birnen, I

Kastanien und Nüsse.I Mit meinem Freund I

lasse ich I einen Drachen steigen.

1 Untersuche die Nomen und Artikel. Was fällt dir auf?

die Beispiele – die Lehrerinnen – die Seiten – die Stühle –

die Lichter – die Füller – die Hausmeister – die Klassenzimmer –

die Bleistifte – die Geschichten – die Lieder – die Hausaufgaben –

die Räume – die Hefte – die Übungen

2 Setze die Nomen von Aufgabe 1 in die Einzahl und ordne sie richtig ein.

der	die	das
		Beispiel

3 Suche aus deiner Wörterliste passende Nomen und trage sie ein.

der / ein:

die / eine:

das / ein:

– Kannst du es? S. 19
– Lehrerkommentar S. 25 / KV 9, 10

1 Wie kannst du diese Nomen ordnen? Trage sie mit Artikel ein.

Wut – Pfütze – Spaß – Pilz – Durst – Glück – Pizza – Freiheit –
Spiegel – Hunger – Lehrer – Gestank – Geld – Hitze – Brief – Radio

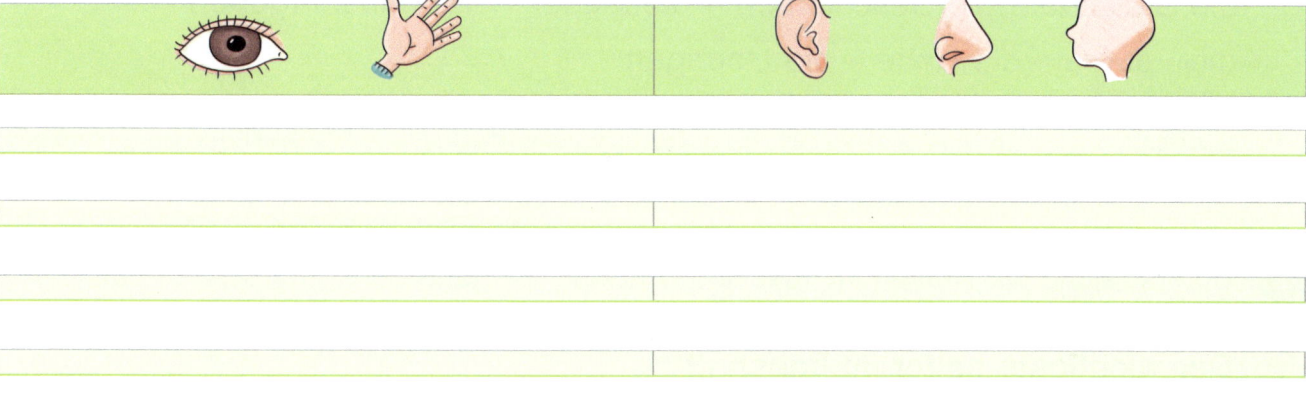

2 Sammle weitere Nomen für Gefühle.

3 Unterstreiche die Nomen und schreibe sie mit ihrem Artikel auf.

plötzlich – lärm – süß – schreck – brav – außer – schmerz – wecken – ärger –

grüßen – angst – gruß – voll – ruhe – jung – freude – immer – wenig

– Kannst du es? S. 19
– Lehrerkommentar S. 26 / KV 9, 10

1 Schreibe zur Einzahl die Mehrzahl und zur Mehrzahl die Einzahl dazu.

Länder – Schuh – Wald – Weg – Städte – Räume – Platz – Burg – Korb

2 Unterstreiche die Nomen im Text und schreibe sie dann richtig mit Artikel auf.

Der wichtigste helfer im haushalt

Ohne den elektrischen strom könnten wir uns unseren alltag
nicht mehr vorstellen. Viele maschinen erleichtern uns mit ihrer
hilfe die arbeit: Die spülmaschine spült das geschirr,
die waschmaschine wäscht die wäsche und die bohrmaschine
bohrt ein loch in die wand. Die warme luft des föns trocknet die haare.

– Kannst du es? S. 19
– Lehrerkommentar S. 27 / KV 9, 10

1 Finde zu den Spalten passende Nomen und trage sie mit Artikel ein.

Male deine Sterne aus: ☆ ☆ ☆

➜ Seite 75, Aufgabe 2

2 Bist du ein guter Nomendetektiv? Unterstreiche die Nomen und schreibe sie anschließend in der Einzahl und Mehrzahl auf.

stadt – fleißig – rechts – blatt – nichts – zurück – links – korb –
riechen – foto – weinen – fahrrad – blühen – zeitung –
süß – hungrig – zwiebel – satz – voll – berg – schwimmen –
kuh – schirm – abend – tanken – rund – sportler

Male deine Sterne aus: ☆ ☆ ☆

➜ Seite 75, Aufgabe 1

① Bilde aus den Wörtern acht zusammengesetzte Nomen. Schreibe sie mit Artikel auf.

Abend	Spiegel	Ohren	Arm	Stein	Vogel	Wald	Mai
Zeit	Weg	Stern	Bild	Arzt	Käfer	Band	Käfig

- -

② Hier kannst du mit Verben neue Nomen zusammensetzen. Finde je mindestens ein weiteres Beispiel.

sitzen
stehen
parken   Platz
?

spülen
nähen
bohren   Maschine
?

schwimmen   Lehrer
               Weste
               Flügel
               ?

Denke daran:
Zusammengesetzte
Nomen schreiben wir
immer groß.

– Kannst du es? S. 24
– Lehrerkommentar S. 29

1 Mit jedem Bild kannst du zwei zusammengesetzte Nomen bilden. Schreibe sie mit Artikel auf.

grün bunt   hoch kühl   groß klein   weiß schwarz

der Grünspecht,

---

2 Vom **Vogelhaus** zum **Gabelstapler**. Die Bilder geben dir immer das nächste Wort vor.

Vogelhaus ⟶

⟶ Gabelstapler

---

3 Vorsicht, **Fugen-s**! Manchmal brauchst du zum Zusammensetzen ein **s**, damit du das Wort besser sprechen kannst. Verbinde und schreibe auf. Markiere **ts** gelb.

Advent	Geburt	Weihnachten	Arbeit	Unterricht	Gesicht
Tag	Baum	Kranz	Creme	Blatt	Beginn

Adventskranz,

– Kannst du es? S. 24
– Lehrerkommentar S. 30

1 Bilde mit den Wortbausteinen **-heit** und **-keit** Nomen.

deutlich – dumm – ehrlich – krank – mehr – dankbar – fröhlich – frei –
vergesslich – gesund – schwierig – wahr – dunkel – pünktlich – frech

-heit

-keit

2 Erkennst du, mit welchem Wortbaustein du jetzt Nomen bilden kannst?
Trage ihn ein und schreibe die Nomen mit Artikel auf.

erlauben – erleben – geheim – hindern – ereignen – finster – gefangen

3 Bilde aus den folgenden Verben Nomen und schreibe sie auf.
Markiere die Endung farbig.

spitzen – fliegen – spritzen – ruhen – stimmen – skizzieren

– Kannst du es? S. 24
– Lehrerkommentar S. 31

1 Achtung, die Nomenmaschine ist in Betrieb! Sie macht aus Verben und den Wortbausteinen **-ung** und **-er** Nomen. Schreibe sie auf.

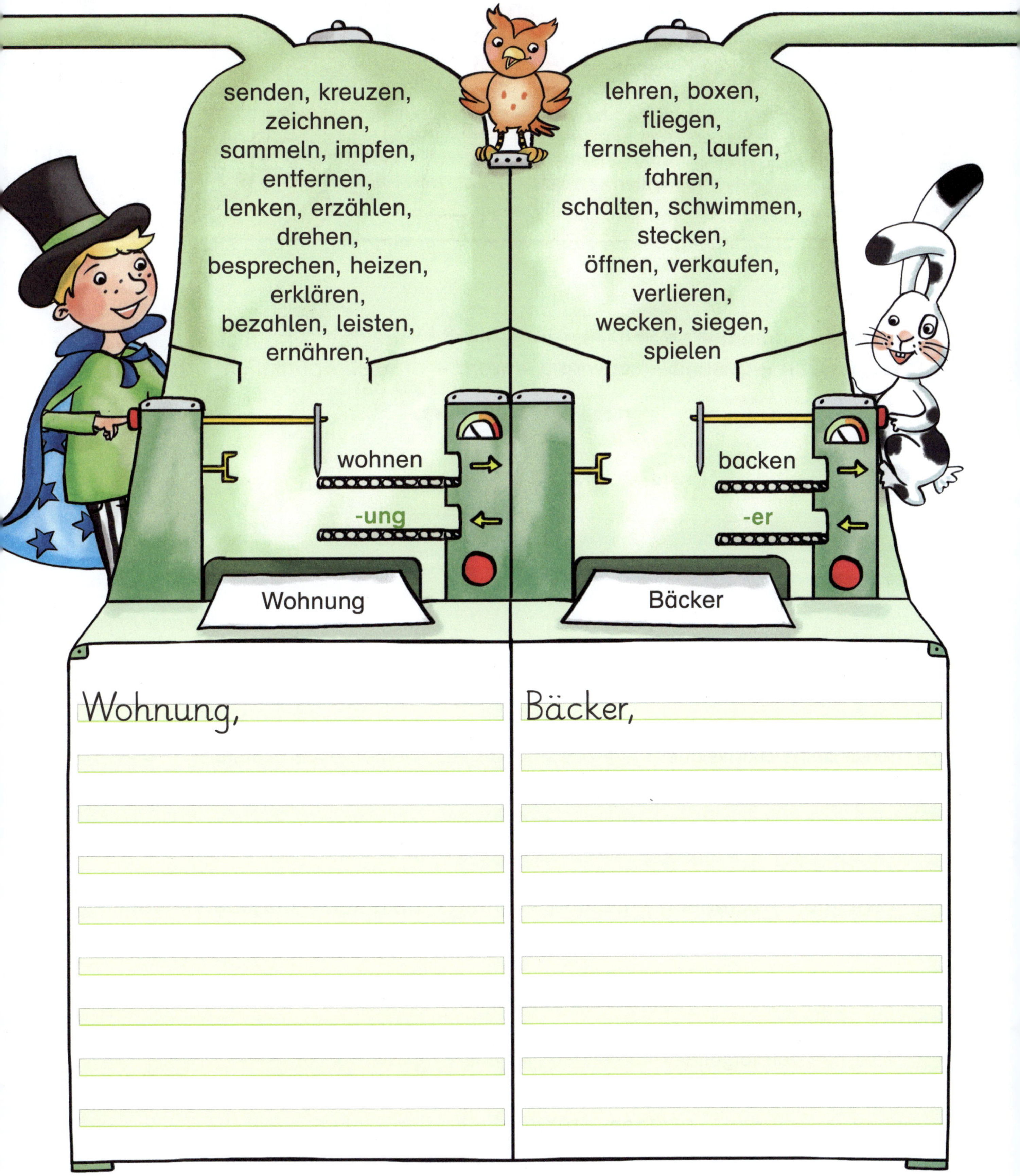

senden, kreuzen, zeichnen, sammeln, impfen, entfernen, lenken, erzählen, drehen, besprechen, heizen, erklären, bezahlen, leisten, ernähren,

lehren, boxen, fliegen, fernsehen, laufen, fahren, schalten, schwimmen, stecken, öffnen, verkaufen, verlieren, wecken, siegen, spielen

wohnen

-ung

Wohnung

backen

-er

Bäcker

Wohnung,

Bäcker,

2 Wähle zehn Nomen von Aufgabe 1 aus und schreibe damit Sätze.

– Kannst du es? S. 24
– Lehrerkommentar S. 32

23

1 Bilde mit jedem Wort ein zusammengesetztes Nomen.

Pilz – Stift – Heft – Schuh – Straße – Platz – Fuß

Male deine Sterne aus: ☆ ☆ ☆

→ Seite 75, Aufgabe 3

2 Wie viele zusammengesetzte Nomen kannst du bilden? Schreibe sie auf.

Male deine Sterne aus: ☆ ☆ ☆

→ Seite 75, Aufgabe 3

 3 Bilde aus den folgenden Wörtern durch einen passenden Wortbaustein Nomen.

erleben – backen – erkälten – krank – freundlich – führen – geheim –
verkaufen – schwierig – gesund – lehren – erzählen – erlauben – wahr

Male deine Sterne aus: ☆ ☆ ☆

→ Seite 75, Aufgabe 4

Jedes Verb gibt es in der **Grundform** und in verschiedenen **Personalformen**.

Die Grundform hilft oft beim Richtigschreiben: übt ➛ üben

fliegen

ich fliege

Ich **übe**.
Du **übst**.
Er, sie, es **übt**.
Wir **üben**.
Ihr **übt**.
Sie **üben**.

1 Schreibe die Verben in der vorgegebenen Personalform. Was fällt dir auf? Markiere.

waschen – er _wäscht_   fahren – du _____

fangen – _____   fallen – _____

halten – _____   tragen – _____

laufen – _____   schlagen – _____

2 Schreibe die Verben in den verschiedenen Personalformen.
Was fällt dir hier auf?

	ich	du	er, sie, es
liegen			
legen			
üben			

3 Setze ein passendes Verb von Aufgabe 1 oder 2 ein. Schreibe den Text auf.

Ole _____ mit dem Bus in die Schule.

Der Bus _____ vor der Grundschule.

Der Unterricht _____ um 8.00 Uhr an. Der Junge _____

sein Mäppchen auf die Bank, _____ seinen Zauberlehrling auf und

_____ die Wörter von Seite 25. Beim Gong _____ er

in die Pause. Nach der Pause _____ Ole sich die Hände.

– Kannst du es? S. 30
– Lehrerkommentar S. 34 / KV 11

25

1 Schreibe die Verben zu den Bildern in der vorgegebenen Personalform in der Gegenwart auf. Kontrolliere mit der Wörterliste.

   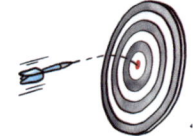      

er _____   er _____   sie _____   er _____

er _____   er _____   sie _____

2 Auch diese Verben verändern sich. Bilde Sätze und schreibe sie auf.

Mutter **essen** Abend Wurstsalat

Lisa **werden** Mai zehn Jahre

Vater **vergessen** Schlüssel Büro

Niklas **wissen** Ergebnis Aufgabe

Ärztin **helfen** Kind krank

_____

_____

_____

_____

_____

– Kannst du es? S. 30
– Lehrerkommentar S. 35 / KV 11

1 Trainiere die Formen der Vergangenheit.

Markiere.	Schreibe die Verben auf.	Suche die Grundform aus der Wörterliste. Schreibe sie auf.	Decke Spalte 1 und 2 ab und bilde die 1. Vergangenheit:
fielen			
gingen			
tranken			
schrieben			
lagen			
ritten			
kamen			

2 Finde auch zu diesen Verben die 1. Vergangenheitsform. Schreibe sie in der dritten Person Einzahl auf. Die Wörterliste kann dir helfen.

scheinen – schwimmen – steigen – ziehen – stehen – laufen – schneiden – lesen – geben – schlafen – singen – schieben – heißen – sitzen – tragen – halten – essen

schien,

– Kannst du es? S. 30
– Lehrerkommentar S. 36 / KV 11

27

1 Diese Wortbausteine kannst du mit **nehmen** zusammensetzen.
Schreibe die zusammengesetzten Verben auf.

ab-   aus-   be-   ver-

an-

| nehmen | nimmt | nahm | zurück-

auf-   zu-   vor-   ein-

annehmen,

_____

_____

_____

2 Setze passende Verben mit einem Wortbaustein und **nehmen** ein.

Der Hund muss unbedingt _____. Der Mond _____

zurzeit _____. Der Patient _____ die Medizin _____.

Der Polizist _____ den Dieb. Lara will die Fernsehsendung

_____. Ich kann dieses Geschenk nicht _____.

Der Fischhändler _____ die Forellen _____. Ich _____

mir _____, schöner zu schreiben. Lena _____ sich immer gut.

Kann man die Bestellung _____?

 **3** Wie viele sinnvolle vorangestellte Wortbausteine findest du zu **sagen**?
Schreibe damit Sätze.

– Kannst du es? S. 31
– Lehrerkommentar S. 37

1 Suche aus deiner Wörterliste 10 Verben, vor die du den Wortbaustein **ver-** setzen kannst. Schreibe die Wörter zweifarbig auf.

verbrauchen,

2 Schreibe auch diese neuen Verben zweifarbig auf. Finde noch zwei Beispiele.

3 Aus welchen Verben von Aufgabe 2 kannst du ein Nomen bilden? Schreibe sie mit Artikel auf.

4 Schreibe mit den Verben von Aufgabe 2 Sätze.

– Kannst du es? S. 31
– Lehrerkommentar S. 38

1 Schreibe die Verben in der vorgegebenen Personalform in der Gegenwart auf.
Markiere, wenn nötig, die Aufpass-Stellen.

fahren – er _____   lesen – er _____

halten – er _____   sehen – er _____

werfen – er _____   essen – er _____

werden – es _____   nehmen – es _____

graben – er _____   geben – es _____

Male deine Sterne aus: ☆ ☆ ☆

➜ Seite 76, Aufgabe 1

2 Schreibe das passende Verb zu dem Bild auf. Schreibe dann mit jedem Verb
einen Satz in der 1. Vergangenheit.

_____   _____   _____

_____   _____   _____

_____

_____

_____

_____

_____

_____

_____

Male deine Sterne aus:  ☆ ☆ ☆

➜ Seite 76, Aufgabe 2

 – Lehrerkommentar S. 39

1 Setze jedes Verb mit jeweils drei sinnvollen Wortbausteinen zusammen.

fahren

stellen

ziehen

stehen

Male deine Sterne aus: ☆ ☆ ☆   → Seite 76, Aufgabe 3

2 Verwandle die Nomen in Verben und schreibe sie auf.

Fernseher – Schaukel – Futter – Spiel – Beginn – Mixer – Gruß – Schutz –
Wecker – Versteck – Verkäufer – Rätsel – Trainer – Zahl – Traum

Male deine Sterne aus: ☆ ☆ ☆   → Seite 76, Aufgabe 4

3 Setze ein passendes Verb in der Gegenwart ein.

Niklas [   ] zum Sportplatz. Dort [   ] er seinen Freund Jens.

Auf der Bank [   ] Sven und [   ] einen Apfel. Er [   ]

traurig aus. „Was ist los?", [   ] Niklas wissen.

„Ich [   ] nicht mitspielen. Ich [   ] mir

das rechte Knie [   ]," erzählt er den beiden.

„So ein Mist!", [   ] Jens,

„aber nächste Woche [   ] du wieder dabei."

Da [   ] der Trainer. Das Training [   ].

Male deine Sterne aus: ☆ ☆ ☆   → Seite 76, Aufgabe 5

1 Untersuche den Schlusslaut der Wörter. Was hörst du?

2 Was hilft dir beim Richtigschreiben der Wörter von Aufgabe 1? Schreibe auf.

3 Schreibe nun die Wörter zu den Bildern von Aufgabe 1 geordnet auf. Markiere **d**.

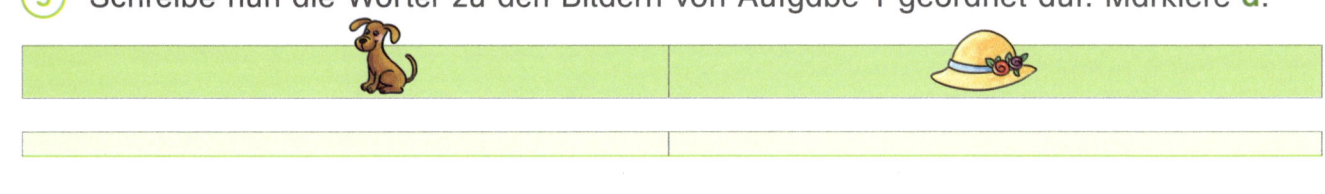

4 Setze richtig ein: **d** oder **t**?

Lan☐ – Luf☐ – frem☐ – blin☐ – spä☐ – Gel☐ – run☐ – San☐ – gu☐ –
Stran☐ – tausen☐ – hunder☐ – Aben☐ – nieman☐ – ro☐ – Kin☐

5 Setze Wörter von Aufgabe 4 richtig ein und schreibe die Sätze dann auf.

Der ☐☐☐ Mann fragt nach dem Weg. In welchem ☐☐☐

spricht man Englisch? Im Zimmer steht ein ☐☐☐ Tisch. Hat

☐☐☐ das kleine ☐☐☐ gesehen? Zusammen bauen wir

am ☐☐☐ eine Burg aus ☐☐☐. Die warme ☐☐☐

steigt nach oben. Am Himmel leuchten ☐☐☐ Sterne.

– Kannst du es? S. 38
– Lehrerkommentar S. 41 / KV 12

1 Verlängere die Wörter und setze ein: **g** oder **k**? Schreibe sie dann getrennt auf.
Markiere in den Wortpaaren **g** gelb.

der Ausflu**g** – Aus-flü-ge   der Zu___ – _____

der We___ – _____   die Bur___ – _____

das Geschen___ – _____   der Ta___ – _____

der Köni___ – _____   die Fabri___ – _____

die Ban___ – _____   der Zwer___ – _____

das Spielzeu___ – _____   der Käfi___ – _____

das Bauwer___ – _____   der Schran___ – _____

---

2 Auch hier kannst du deinen Trick anwenden. Schreibe die Wörter
in der Einzahl und Mehrzahl (getrennt) auf.

_____   _____   _____   _____

_____   _____   _____   _____

---

3 Setze die Wörter passend ein und schreibe die Sätze dann auf.

gel**b** – hal**b** – schrie**b** – lie**b** – ga**b** – Kal**b** – scho**b** – trie**b** – trü**b**

Maria isst nur eine _____ Pizza.

Das _____ Kleid steht dir gut.

Die Enkelkinder _____ :

_____ Oma, wir kommen dich am Sonntag besuchen.

Das _____ Wasser am Strand kommt von den Algen.

Wir _____ die Fahrräder den steilen Berg hinauf.

Die Kinder _____ die _____ auf die Wiese.

Meine Großeltern _____ mir zehn Euro für den Ausflug.

– Kannst du es? S. 38
– Lehrerkommentar S. 42 / KV12

Der Ober hält vier Gläser in den Händen.

Fridolin, kennst du einen Trick für die Wörter mit **ä/Ä**.

Klar, ich suche das verwandte Wort.

① Welches Wort hilft dir beim Richtigschreiben. Schreibe auf.
Markiere **ä** und **a** gelb.

Räder – *Rad*   Ärztin – [   ]   Wälder – [   ]

Fächer – [   ]   Männer – [   ]   Länder – [   ]

② Welches Wort hilft dir hier beim Richtigschreiben.
Markiere **ä** und **a** gelb. Achte auf die Groß- und Kleinschreibung.

der Bäcker – [   ]   färben – [   ]

der Jäger – [   ]   zählen – [   ]

das Päckchen – [   ]   kämmen – [   ]

die Fähre – [   ]   wählen – [   ]

③ Male die verwandten Wörter in der gleichen Farbe an. Schreibe die Wortfamilien
dann geordnet auf und ergänze jeweils ein weiteres Wort mit **ä**.

Erkältung	länger	Wärme
stärker	erwärmen	Stärkung
kälter	verlängern	erkälten
Längenmaß	wärmer	Stärke

kalt [   ]

stark [   ]

lang [   ]

warm [   ]

– Kannst du es? S. 38
– Lehrerkommentar S. 43 / KV 13

✏️ ① Verbinde die verwandten Wörter. Markiere **äu** und **au** gelb.
Präge dir anschließend immer ein Wortpaar ein und schreibe es auf.

Gebäude   Haufen   Bräutigam   Schaum

häufig   bauen   säubern   rauschen

bräunen   laut   Geräusche   sauber

läuten   braun   schäumen   Braut

Gebäude – bauen,

✏️ ② Schreibe zu jedem Wort ein verwandtes Wort mit **äu**. Markiere das **äu** gelb.
Achte auf die Groß- und Kleinschreibung.

verkaufen – [   ]   Raum   – [   ]

Traum   – [   ]   saugen – [   ]

laufen   – [   ]   Faust   – [   ]

rauben   – [   ]   sauer   – [   ]

👄 ③ Sprich alle Wörter mit **äu** von Aufgabe 1 in Silben und kreuze an.

Die Wörter mit **äu** haben …

☐ eine offene Silbe. 🖌≡

☐ eine geschlossene Silbe. 🖌✋

– Kannst du es? S. 38
– Lehrerkommentar S. 44 / KV 13

35

Jetzt weiß ich es genau: Im **äu**, da steckt das **au**.

Alle anderen Wörter mit diesem Laut werden mit **eu/Eu** geschrieben.

Heute heulen neun Eulen auf der Scheune.

1 Schreibe die Wörter mit **eu/Eu** auf. Achte auf die Groß- und Kleinschreibung.

d	e	u	t	s	c	h	l	a	n	d
e	l	e	u	t	e	t	e	u	e	r
u	f	a	h	r	z	e	u	g	u	s
t	e	u	r	o	p	a	c	t	n	t
l	u	x	x	e	x	x	h	r	x	e
i	e	f	e	u	c	h	t	e	x	u
c	r	x	x	l	x	h	e	u	t	e
h	x	x	z	e	u	g	n	i	s	r

waagerecht:

senkrecht:

- -

2 Hier kannst du zusammengesetzte Nomen bilden. Schreibe sie auf.

löschen	Wehr
Feuer	
Zeug	Alarm

Fahne	Meister
Europa	
Hymne	Wahl

spielen	stricken
Zeug	
fahren	werken

Feuerlöscher,

– Kannst du es? S. 38
– Lehrerkommentar S. 45

1 Bilde mit diesen Wörtern gute Sätze.

Marie traben Pferd Wald	Gärtner heute viele ernten Kräuter	Jäger hören Geräusche Sträucher	Gäste füllen Säfte Gläser	Leuchtturm zeigen Schiffen Weg

---

2 Schreibe zu jedem Bild einen guten Satz.

1 Achte auf den Auslaut und schreibe die Wörter auf. Markiere.

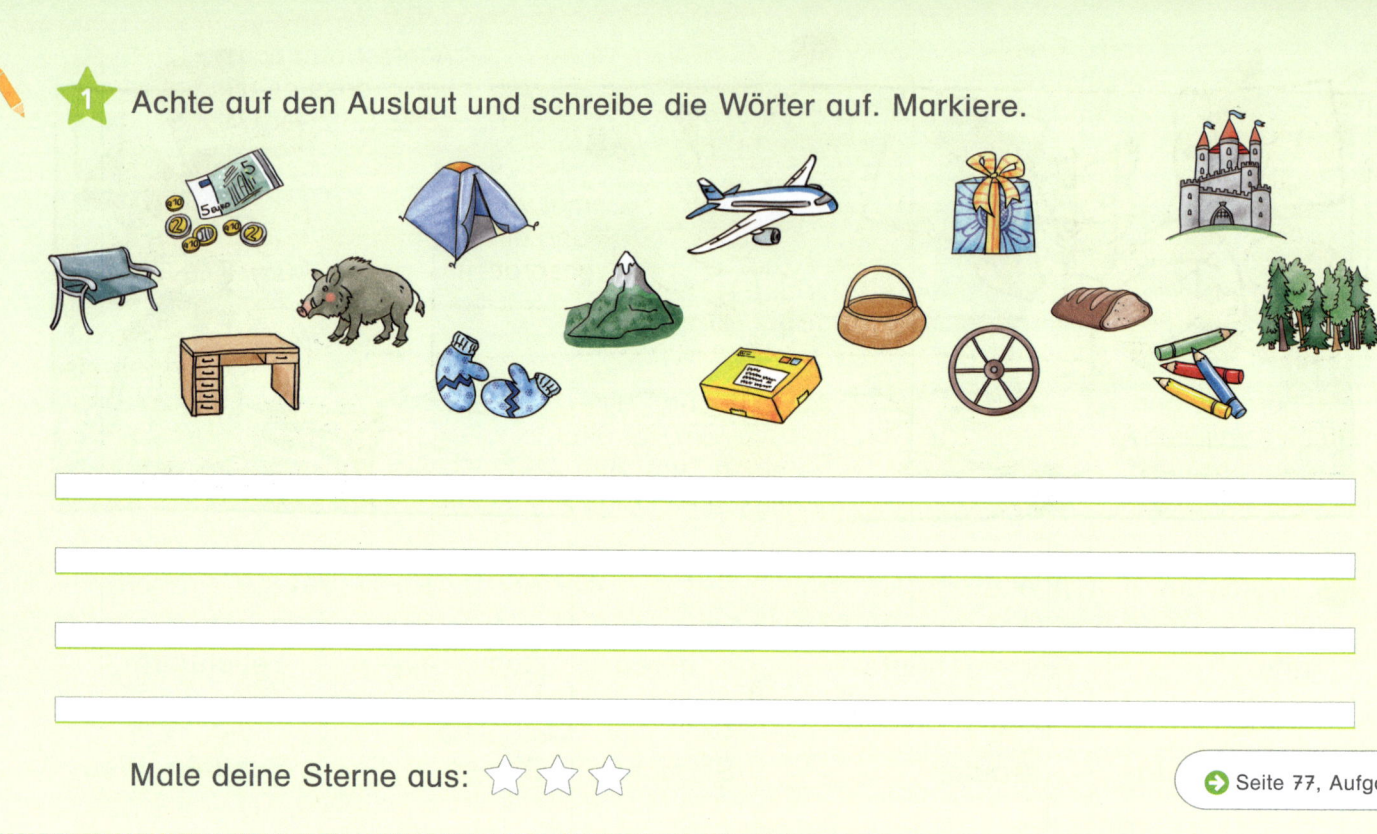

Male deine Sterne aus: ☆ ☆ ☆

→ Seite 77, Aufgabe 1, 2

2 Setze ein: **e/E** oder **ä/Ä**? Schreibe dann die Wörter auf, die dir helfen die Schreibweise **ä/Ä** zu erkennen

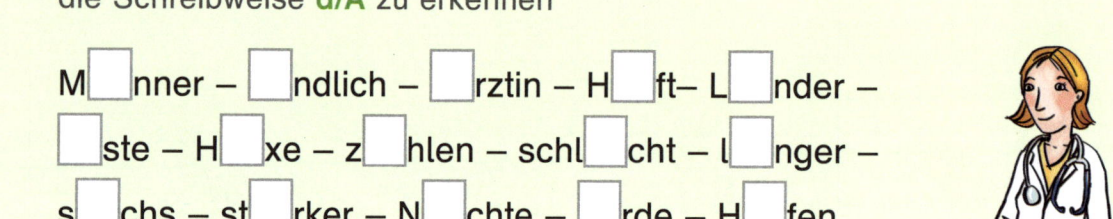

M☐nner – ☐ndlich – ☐rztin – H☐ft– L☐nder – ☐ste – H☐xe – z☐hlen – schl☐cht – l☐nger – s☐chs – st☐rker – N☐chte – ☐rde – H☐fen

Male deine Sterne aus: ☆ ☆ ☆

→ Seite 77, Aufgabe 3

3 Setze ein: **äu/Äu** oder **eu/Eu**? Schreibe dann die Wörter auf, die dir helfen die Schreibweise **äu** zu erkennen.

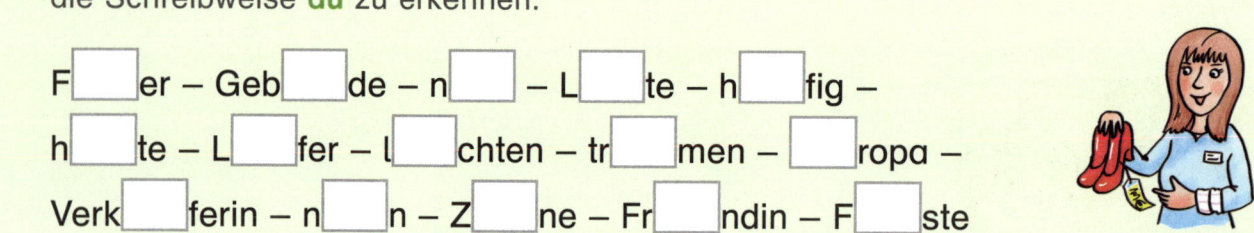

F☐er – Geb☐de – n☐ – L☐te – h☐fig – h☐te – L☐fer – l☐chten – tr☐men – ☐ropa – Verk☐ferin – n☐n – Z☐ne – Fr☐ndin – F☐ste

Male deine Sterne aus: ☆ ☆ ☆

→ Seite 77, Aufgabe 4

– Lehrerkommentar S. 47

👄 **1** Sprich die Wörter und achte auf das betonte **a**. Kennzeichne das lang **gesprochene** a mit — und das **kurz gesprochene** a mit ●.

2 Ordne die Wörter von Aufgabe 1 richtig ein. Die Wörterliste hilft dir beim Richtigschreiben.

langes betontes a	kurzes betontes a

– Kannst du es? S. 49
– Lehrerkommentar S. 48 / KV 14

39

ste – hen
grü – ßen
Leu – te

Stem – pel
wür – feln
Blät – ter

Bei meinen Wörtern steht der betonte Laut am Silbenrand.

Bei meinen Wörtern kommt nach dem betonten Laut noch ein Konsonant.

① Sprich die Wörter und markiere den betonten Vokal oder Umlaut farbig.

Gemüse	Schlüssel	Tüte	Gürtel	Würfel	Blüte
Honig	Koffer	Wolke	Noten	Tropfen	Melone
Puppe	Wurzel	Schuhe	Tube	Hunde	Hupe

② Setze bei den Wörtern von Aufgabe 1 die Silbenbögen und schreibe die Wörter getrennt in die richtige Spalte.

Wir werden lang gesprochen: Wörter mit offenen Silben.	Wir werden kurz gesprochen: Wörter mit geschlossenen Silben.

③ Schreibe die Wörter zu den Bildern in Silben zerlegt auf. Was fällt dir auf?

Silben mit Zwielauten werden immer _____ gesprochen.

– Kannst du es? S. 49
– Lehrerkommentar S. 49 / KV 14

Das wissen wir.

Wörter mit einem lang gesprochenen Vokal, Umlaut oder mit einem Zwielaut haben **offene Silben**.

Wörter mit einem kurz gesprochenen Vokal oder Umlaut haben **geschlossene Silben**.

Ausnahmen sind die Wörter mit CH, CK und SCH.

la-chen
Schne-cke
Mu-schel

1 Sprich die Wörter. Kennzeichne einen lang gesprochenen Laut mit __, einen kurz gesprochenen Laut mit •.

---

2 Schreibe die Wörter von Aufgabe 1 getrennt in die richtige Spalte. Die Wörterliste hilft dir beim Richtigschreiben.

Wir werden lang gesprochen: Wörter mit **offenen Silben**.	Wir werden kurz gesprochen: Wörter mit **geschlossenen Silben**.
	Mes-ser,

– Kannst du es? S. 49
– Lehrerkommentar S. 50 / KV 14

41

① Sprich die Wörter mit **ie** in Silben. Schreibe sie dann getrennt auf und markiere **ie**.

② Wie viele Wörter mit **ie** findest du waagerecht und senkrecht?
Markiere zuerst alle **ie**. Schreibe die Wörter dann in dein Heft.

In **sieben** steckt **sie**, das **Sieb** und **sieben**.

Achte auf die Groß- und Kleinschreibung.

v	s	i	e	b	e	n	h	i	e	r	v	x
i	c	k	n	v	e	r	b	i	e	t	e	n
e	h	r	i	d	i	e	s	e	w	i	r	z
r	w	i	e	d	e	r	y	v	i	e	l	i
n	i	e	m	a	l	s	h	x	e	f	i	e
x	e	c	a	l	b	e	i	s	p	i	e	l
x	x	h	n	i	b	i	e	g	e	n	r	e
l	i	e	d	e	s	c	h	i	e	b	e	n
x	g	n	i	b	f	l	i	e	g	e	n	x

③ Welches Wort hilft dir, den **i-Laut** deutlich zu hören? Schreibe auf und markiere **ie**.

fliegt — flie-gen   liegt — _____   lieb — _____

spielt — _____   zieht — _____   tief — _____

gießt — _____   schlief — _____   viel — _____

verliert — _____   schiebt — _____   kriecht — _____

– Kannst du es? S. 49
– Lehrerkommentar S. 51 / KV 15

1 Setze ein passendes Verb mit **ie** von Seite 42 ein. Führe dann mit den Sätzen ein Aufschreibtraining durch. Markiere **ie**.

Die Katze _____ auf meinem Bett.

Der kleine Tom _____ seinen Hund.

Mein Opa _____ am Sonntag nach Italien.

Die Schnecke _____ langsam über die Straße

Papa _____ den Kinderwagen den Berg hinauf.

Hoffentlich _____ unsere Mannschaft nicht das Spiel.

Im Sommer _____ der Gärtner die Pflanzen jeden Tag.

2 Sprich die Wörter in Silben und markiere **ie**. Verbinde jedes Wort mit dem passenden Satz. Schreibe dann die Sätze mit den neuen Verben auf.

Ich mache ein Foto von meiner Klasse.   telefonieren

Vater erkundigt sich am Schalter.   spazieren

Oma redet am Telefon mit ihrer Freundin.   informieren

Wir gehen am Fluss entlang.   fotografieren

_____

_____

_____

_____

– Kannst du es? S. 49
– Lehrerkommentar S. 52 / KV 15

> Spinne, Koffer ...
> Woher weiß ich, dass diese Wörter einen **doppelten Konsonanten** haben?

> Den **Vokal** oder **Umlaut** davor spricht man **kurz**.

> Beim Trennen in Silben hörst du es: Spi**n**-**n**e, Ko**f**-**f**er.

1 Wie viele Gegenstände mit einem **doppelten Konsonanten** findest du? Sprich die Wörter in Silben und schreibe sie getrennt auf. Markiere den doppelten Konsonanten.

Ses–sel,

_____

_____

_____

- -

2 Wie klingen die Vokale? Sprich die Wortpaare und kennzeichne den kurzen Vokal oder Umlaut mit ●, den langen mit ▬.

beten – Betten   Hasen – hassen   Mitte – Miete   Qualen – Qualle
☐   ☐   ☐   ☐   ☐   ☐   ☐   ☐

Ebbe – leben   Ratten – raten   Stiele – Stille   Hütte – Hüte
☐   ☐   ☐   ☐   ☐   ☐   ☐   ☐

- -

3 Schreibe die Wörter von Aufgabe 2 getrennt in die richtige Spalte.

Wir werden lang gesprochen: Wörter mit **offenen Silben**.	Wir werden kurz gesprochen: Wörter mit **geschlossenen Silben**.

– Kannst du es? S. 50
– Lehrerkommentar S. 53 / KV 16–19

1 Welchen Trick kennt Felix? Schreibe ihn auf.

Man muss

2 Markiere den **doppelten Konsonanten**. Wende den Trick von Felix an und schreibe die neuen Wörter auf.

Nuss – Kamm – Schiff – Fluss – Schloss – Pass – Bett – Mann – Ball

dünn – dumm – hell – glatt – schnell – still – schlimm – nass – satt

Nüs-se,

3 Bilde mit Wörtern von Aufgabe 2 und den Bildern zusammengesetzte Nomen. Schreibe sie auf und markiere den **doppelten Konsonanten**.

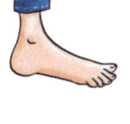      

4 Suche Wörter mit einem **doppelten Konsonanten** aus einem Lesetext.

– Kannst du es? S. 50
– Lehrerkommentar S. 54 / KV 16–19

👄 **1** Sprich die Grundform in Silben. Schreibe dann zu den Bildern kurze Sätze.
Markiere den **doppelten Konsonanten**.

Blatt fallen	**Feuer brennen**	**Igel fressen**	**Hund bellen**

Das Blatt

2 Schreibe passende Sätze und markiere den **doppelten Konsonanten**.

Mutter kommen Zimmer	Mannschaft gewinnen Wettkampf	Unterricht beginnen Mittwoch	Hannah vergessen Handtuch Schwimmbad

4 Schreibe zu den **doppelten Konsonanten** passende Wörter.

rr

ss

ll

– Kannst du es? S. 50
– Lehrerkommentar S. 55 / KV 16–19

Anna schickt den dicken Dackel zurück.

Auch bei den **Wörtern mit ck** sprechen wir den Vokal oder Umlaut vor dem **ck**
_____.

Beim Trennen bleibt das **ck** aber immer zusammen: di-**ck**en, Da-**ck**el.

① Sprich den Satz von Felix. Wie klingt der Laut vor dem **ck**? Setze oben ein.

② Ordne die Wörter nach dem **Abc** und schreibe sie auf.

○ Wecker	○ Brücke	○ trocken	○ Rücken	○ erschrecken
○ packen	○ glücklich	○ dicke	○ Gepäck	○ Zucker
○ blicken	① backen	○ Dreieck	○ zurück	○ verstecken

backen,

③ Schreibe die Wörter von Aufgabe 2 in Silben getrennt auf.
Markiere **ck**.

ba-cken,

④ Suche jeweils drei verwandte Wörter. Markiere **ck**.

eckig: _____

schrecklich: _____

– Kannst du es? S. 50
– Lehrerkommentar S. 56 / KV 16–19

1 Markiere alle **tz**. Wie viele Wörter mit **tz** findest du?
Sprich die Wörter und ergänze Felix Tipp. Schreibe dann die Wörter auf.

Achte auf
die Groß- und
Kleinschreibung.

Den Vokal oder Umlaut
vor dem **tz** spricht man

waagerecht:

S	I	T	Z	S	N	X	O	P	R	S
C	V	K	U	P	E	F	D	F	B	P
H	U	P	L	A	T	Z	C	Ü	L	I
Ü	R	S	E	T	Z	E	N	T	I	T
T	S	Ä	T	Z	E	B	S	Z	T	Z
Z	A	V	Z	K	A	T	Z	E	Z	E
E	T	P	T	H	I	T	Z	E	E	C
N	Z	S	P	R	I	T	Z	E	N	H

senkrecht:

- -

2 Bilde mit Wörtern von Aufgabe 1 zusammengesetzte Nomen. Markiere **tz**.

Bleistift – Spinnen – Frage – Futter – Kinder – Sport

- -

3 Bilde Sätze und schreibe sie auf. Achte auf das **tz**t.

Affe	Jana	Ben	Marie
sich	spitzen	aufsetzen	schwitzen
kratzen	Stift	Mütze	Training

– Kannst du es? S. 50
– Lehrerkommentar S. 57 / KV 16 – 19

 **1** Sprich die Wörter und ordne sie richtig ein. Schreibe die Wörter getrennt auf.

blasen – Gärtner – Würste – Zeitung – Jäger – tanken – reiten –
Tiger – Zwerge – Eltern – Ärztin – räumen – riechen – Städte

Wir werden lang gesprochen und haben eine **offene Silbe**.	Wir werden kurz gesprochen und haben eine **geschlossene Silbe**.

Male deine Sterne aus: ☆ ☆ ☆

Seite 78, Aufgabe 1

 **2** Sprich die Wörter zu den Bildern und schreibe sie getrennt in die richtige Spalte von Aufgabe 1.

 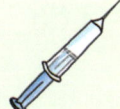    

Male deine Sterne aus: ☆ ☆ ☆

Seite 78, Aufgabe 2

 **3** **ie** oder **i**? Sprich die Wörter. Kennzeichne das lang gesprochene **i** mit ▁ und das kurz gesprochene mit ●. Schreibe die Wörter dann getrennt auf.

Sp**?**tze – Sp**?**gel – F**?**nger – B**?**lder – w**?**der – Z**?**le – s**?**ngen –
☐ ☐ ☐ ☐ ☐ ☐ ☐

r**?**fen – l**?**nke – Br**?**fe – s**?**tzen – l**?**ben – r**?**chen – M**?**ttag
☐ ☐ ☐ ☐ ☐ ☐ ☐

lang gesprochener i-Laut	kurz gesprochener i-Laut

Male deine Sterne aus: ☆ ☆ ☆

Seite 78, Aufgabe 3

1 Finde Verben mit **doppeltem Konsonanten** zu den Bildern. Schreibe sie in der Grundform und der er-Form auf. Markiere den doppelten Konsonanten.

Male deine Sterne aus: ☆ ☆ ☆

➜ Seite 78, Aufgabe 4

2 Einfacher oder **doppelter Konsonant**? Überlege und setze ein.

l oder **ll**? Te☐er – ho☐en – zie☐en – a☐e – Ba☐ – Schu☐e – wo☐en – li☐a – Ro☐er – ma☐en – he☐fen – Fa☐e

s oder **ss**? Na☐e – Kla☐e – mü☐en – bö☐e – Ki☐en – bi☐ig – Fä☐er – fre☐en – Wa☐er – rei☐en – Läu☐e – na☐

t oder **tt**? Ze☐el – re☐en – ra☐en – Toma☐e – Gewi☐er – Li☐er spä☐ – Mi☐ag – kapu☐ – mu☐ig – we☐en – sa☐

f oder **ff**? tre☐en – O☐en – Hil☐e – o☐en – grei☐en – He☐e – He☐te – ho☐en – imp☐en – Ta☐el – Lö☐el – Gri☐

Male deine Sterne aus: ☆ ☆ ☆

➜ Seite 78, Aufgabe 4

3 Finde ein passendes Reimwort mit **ck** oder **tz**. Markiere **ck** und **tz** und entscheide: Richtig oder falsch?

Witz – ☐   Rock – ☐   Hitze – ☐

Lücke – ☐   Satz – ☐   Stecker – ☐

eckig – ☐   Stück – ☐   Pfütze – ☐

Vor **ck** und **tz** steht immer ein Vokal oder Umlaut. ◯ richtig ◯ falsch

Male deine Sterne aus: ☆ ☆ ☆

➜ Seite 79, Aufgabe 1, 2

– Lehrerkommentar S. 59

1 Beschreibe mit zwei passenden Adjektiven.

Oma kauft auf dem Markt süße, _____.

In einer Kiste sitzt _____.

Mutter kauft _____.

Elena hat _____.

Herr Wild besitzt _____.

2 Suche immer das Gegenteil und schreibe die Wortpaare dann auf.

klein – nass – krank – dünn – teuer – leer – langsam – sauber – eckig – satt

klein – _____

_____

_____

_____

_____

_____

Willst du das kleine oder das große Eis?

3 Schreibe mit den Gegenteilpaaren von Aufgabe 2 Sätze.

– Kannst du es? S. 58
– Lehrerkommentar S. 60

51

1 Wie wurden die Adjektive beim Wetterbericht gebildet? Schreibe auf.

2 Bilde aus den Nomen durch den passenden Wortbaustein Adjektive.
Markiere den Wortbaustein.

Durst – Schmutz – Hunger – Ruhe – Gift – Stein – Mut – Saft – Geduld – Kraft

durst**ig**,

3 Setze Adjektive von Aufgabe 2 vor ein Nomen und schreibe Sätze.

Schreibe so: Der durstige Wanderer trinkt Wasser aus der Quelle.

– Kannst du es? S. 58
– Lehrerkommentar S. 61

1 Mit welchem Wortbaustein werden aus diesen Nomen Adjektive?
Trage ein und schreibe die Adjektive auf.

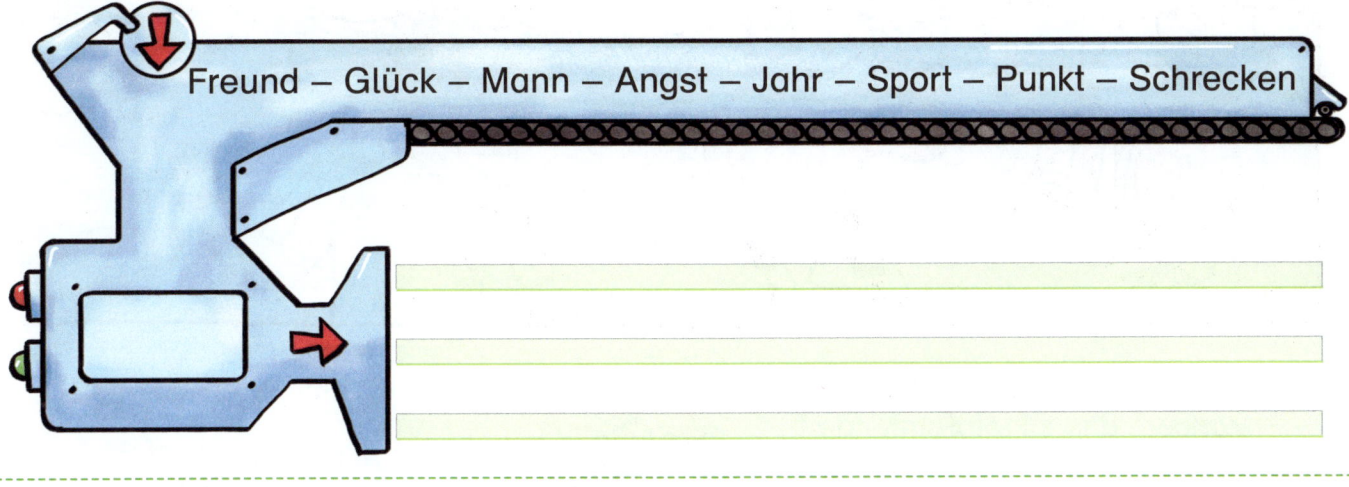

Freund – Glück – Mann – Angst – Jahr – Sport – Punkt – Schrecken

2 Setze passende Adjektive von Aufgabe 1 ein.

Der **männliche** Artikel heißt *der* oder *ein*.

Alexander hatte einen _____ Traum.

_____ um 20.00 Uhr begann das Spiel.

Der _____ Schüler lief am schnellsten.

Der _____ Polizist erklärte uns den Weg zum Zoo.

Der _____ Gewinner freute sich über die 1000 Euro.

Das _____ Kind fürchtet sich vor dem großen Hund.

 3 Führe mit den Sätzen von Aufgabe 2 ein Aufschreibtraining durch.

4 Ordne die Adjektive nach dem **Abc**. Schreibe sie dann auf.

○ deutlich	○ schlimm	○ dick	○ schnell	○ billig
○ reich	○ voll	○ lieb	○ wahr	○ tief
○ neu	○ nass	○ leer	○ dumm	○ vergesslich

– Kannst du es? S. 58
– Lehrerkommentar S. 62

53

1 Welches Wort hilft dir beim Richtigschreiben? Schreibe es in Silben getrennt auf. Markiere das **silbentrennende h**.

sieht – [_____]   geht – [_____]   blüht – [_____]

steht – [_____]   dreht – [_____]   näht – [_____]

2 Welches Verb von Aufgabe 1 fehlt? Setze ein und bilde Sätze. Markiere das **silbentrennende h**.

Ben	Lilia	Oma	Wind
?	?	?	?
Supermarkt	Katze	mir	Flügel
Kasse	Baum	Sommerkleid	Mühle

Ben steht [_____]

[_____]

[_____]

[_____]

3 Bilde zusammengesetzte Nomen und schreibe sie auf. Markiere das **silbentrennende h**.

gehen – drehen – glühen – stehen – nähen – leihen	+	Würmchen – Platz – Tür – Maschine – Wagen – Weg

[_____]

[_____]

– Kannst du es? S. 58
– Lehrerkommentar S. 63 / KV 20

Kennt ihr den Trick, wenn das **Silben - h** am Wortende steht?

Ein Adjektiv verlängere ich durch eine Endung: ro**h** – ro-**h**e.

Ja klar, ein Nomen setze ich in die Mehrzahl: Flo**h** – Flö-**h**e.

① Sprich die Wörter zu den Bildern in der Einzahl und Mehrzahl. Schreibe sie auf und trenne die Mehrzahlwörter. Markiere das **silbentrennende h**.

Floh

② Schreibe mit dem Gegenteil einen kurzen Satz.

froh – roh – früh – nah – zäh

der gekochte Schinken ➡ Lea isst

der späte Zug ➡

die entfernte Stadt ➡

eine traurige Nachricht ➡

das weiche Fleisch ➡

③ Bilde mit den Wörtern von Aufgabe 1 und 2 und den folgenden Begriffen zusammengesetzte Nomen. Markiere das **silbentrennende h**.

Schrank – Jahr – Stall – Bock – Creme – Stück – Zirkus – Kost – Milch

Schuhschrank,

– Kannst du es? S. 58
– Lehrerkommentar S. 64 / KV 20

1. Sprich die Wörter in Silben und markiere ß rot. Wie klingen die Vokale, Umlaute und Zwielaute vor dem ß? Ergänze die Sprechblase von Felix.

grüßen – fließen – fleißig – Füße – groß – Straße – schließen – weiß –
heißen – draußen – beißen – gießen – Strauß – reißen – Spaß – süß

2. Schreibe die Wörter von Aufgabe 1 in Silben getrennt auf. Verlängere, wenn nötig.

grü-ßen,

3. Mit welchen Wörtern von Aufgabe 1 kannst du zusammengesetzte Nomen bilden? Markiere ß.

Blumen – Bahn – Ball – Stadt –
Kanne – Brot – Speise – Fach

Blumenstrauß,

4. Finde die Reimwörter mit ß. Male sie in der gleichen Farbe an.

groß	Spieß	Fuß	Floß	draußen
er ließ	außen	Stoß	sie hieß	Gruß

– Kannst du es? S. 58
– Lehrerkommentar S. 65 / KV 20

1 Sprich die Verben von Amandas Tafel in Silben. Warum wird aus **ss** ein **ß**?

2 Setze die folgenden Sätze in die **1. Vergangenheit**. Markiere **ß**.

Fin isst in der Pause Vollkornbrot und Obst. Anna vergisst ihr Pausenbrot in der Klasse. Auf den Bäumen im Schulhof sitzen Krähen. Sie fressen die Reste aus dem Abfalleimer.

3 Finde ein verwandtes Wort mit **ß**. Markiere **ß**.

fleißig – _____   groß – _____

Spaß – _____   weiß – _____   grüßen – _____

Floß – _____   Kloß – _____   süß – _____

– Kannst du es? S. 58
– Lehrerkommentar S. 66 / KV 20

57

⭐ **1** Finde zu jedem Adjektiv das Gegenteil. Schreibe es auf.

nass – [   ]   krank – [   ]   dick   – [   ]

klein – [   ]   alt   – [   ]   langsam – [   ]

lustig – [   ]   satt   – [   ]   teuer   – [   ]

Male deine Sterne aus: ☆ ☆ ☆

🖍 **2** Setze passende Verben mit **silbentrennendem h** in den Text ein. Markiere.

Als der Hahn in der Frühe [   ], [   ] Bauer Schafter auf.

Heute muss das große Feld hinter der Scheune [   ], werden.

Es [   ] ein kräftiger Wind. Das Windrad in der Nähe des Hofes

[   ] sich. Dadurch [   ] Strom für den Betrieb. Der Bauer

[   ] zu seinem Traktor. Da [   ] er

einen Hasen, der über das Feld [   ].

Male deine Sterne aus: ☆ ☆ ☆

➜ Seite 79, Aufgabe 3

⭐ **3** Setze richtig ein: **ss** oder **ß**? Schreibe die Wörter dann in die Tabelle.

be[ ]er – na[ ] – Spa[ ] – me[ ]en – Meterma[ ] – Gro[ ]stadt –

er vergi[ ]t – er verga[ ] – Schlü[ ]el – Sü[ ]igkeiten – Wei[ ]brot –

Verschlu[ ] – Schlie[ ]fach – wi[ ]en – la[ ]en – drau[ ]en

🔦 lang gesprochener Laut Wörter mit ß	✋ kurz gesprochener Laut Wörter mit ss

Male deine Sterne aus: ☆ ☆ ☆

➜ Seite 79, Aufgabe 4, 5

– Lehrerkommentar S. 67

① Schreibe die Wörter zu den Bildern auf und markiere Vokal oder Umlaut
mit **Dehnungs-h** rot.

Hahn,

② Bilde zu den Nomen das passende Verb und schreibe beide auf. Markiere.

Fahrt – Führung – Fehler – Bohrer – Wahl – Ernährung – Wohnung

Fahrt – fahren,

③ Auch diese Wörter haben ein **Dehnungs-h**. Ordne nach dem **Abc** und
schreibe sie auf. Markiere.

○ sehr   ○ kühl   ○ zehn   ○ Verkehr   ○ mehr

○ Jahr   ○ Bahn   ○ Huhn   ○ wahr   ○ Höhle

④ Bilde mit dem Wortstamm **ZAHL** eine Wortfamilie. Markiere.

– Kannst du es? S. 69
– Lehrerkommentar S. 68 / KV 21

1 Finde die Lösungswörter mit **v/V**. Schreibe sie auf und markiere **v/V** rot. Die Wörterliste kann dir helfen.

Instrument mit Tasten	Berg, der Feuer spuckt	Gefäß für Blumenstrauß	das Ergebnis von 2+2	anderes Wort für Tunwort

das Gegenteil von wenig	anderes Wort für Selbstlaut	Elternteil	das Gegenteil von leer	anderes Wort für Wiewort

2 Schreibe mit acht Wörtern von Aufgabe 1 je einen Satz.

3 Markiere **v/V** in den folgenden Wörtern und finde heraus, was die Wörter bedeuten. Informiere dich in einem Lexikon oder im Internet. Stelle deine Ergebnisse vor.

Nerven – Venen – Violine – Virus – Lava – Vetter

– Kannst du es? S. 69
– Lehrerkommentar S. 69 / KV 22–24

1 Die Wörterschlange frisst den Apfel. Dadurch entstehen neue Wörter.
Schreibe sie auf und achte auf die Groß- und Kleinschreibung.

voll — Milch – enden – Kornbrot – zählig – Bart – ständig – Gas – Mond

2 Schreibe vier Sätze mit **viele**.

Viele Vögel

3 Lies dir die Aufschreibregeln in der Klappe durch. Übe mit
jedem Wörterblock das richtige Aufschreiben.

Die Wortbausteine
VER und **VOR** schreibt man
immer mit **v/V**.

Verkehr	verletzen	vorbeugen	Vorfahrt
Verkehrsampel	versetzen	vorlassen	Vorfahrtsstraße
Verkehrszeichen	verschmutzen	vorschlagen	Vorfahrtsschild

4 Schreibe einen Satz mit dem Wort **vielleicht**.

– Kannst du es? S. 69
– Lehrerkommentar S. 70 / KV 22–24

61

Ich habe im Bild Wörter mit doppeltem Vokal entdeckt.

Ich merke mir mein Lieblingswort: Klee.

Diese Wörter muss man sich merken.

① Wie viele Wörter mit **doppeltem Vokal** findest du? Male sie aus.

② Ordne die Wörter richtig ein. Markiere den **doppelten Vokal** rot.

Schnee – Zoo – Haare – Moos – Waage – Tee – Kaffee –
Boot – Meer – leer – Aal – Erdbeeren – Seeigel – Paar

Wörter mit **aa**	Wörter mit **oo**	Wörter mit **ee**

③ Setze passende Wörter von Aufgabe 2 ein.

Wir fuhren am Sonntag ans _____.

Der Strand war fast _____.

Nur Fischer mit ihren _____ waren

zu sehen. Sie hatten _____ gefangen.

Die Fische wurden auf einer _____ gewogen. Papa fand

_____igel und _____sterne. Später gingen wir in ein Gasthaus, tranken

Früchte_____ und _____. Dazu aßen wir _____kuchen.

④ Führe mit dem Text von Aufgabe 3 ein Aufschreibtraining durch.

– Kannst du es? S. 69
– Lehrerkommentar S. 71/ KV 22–24

1 Schreibe die Nomen mit **ä ohne a** unter die Bilder. Markiere **ä** rot.

_____ _____ _____ _____

_____ _____ _____ _____

2 Bilde mit den Wörtern von Aufgabe 1 zusammengesetzte Nomen. Markiere **ä**.

Eis – Name – Mai – Kuchen – Löwen – Kreis

_____

_____

3 Auch diese Wörter musst du dir merken. Markiere **ä** und setze
die Wörter dann richtig ein.

Lärm – spät – mähen – Märchen – krähen – während

Kennst du das _____ Schneewittchen und die sieben Zwerge?

Bei dem _____ kann ich mich nicht konzentrieren.

Wie _____ ist es? Der Hahn _____ früh am Morgen.

_____ der Ferien besuche ich meine Freundin.

Der Bauer _____ die Wiese.

– Kannst du es? S. 69
– Lehrerkommentar S. 72 / KV 22 – 24

63

1 Schreibe die Zootiere mit **i** auf. Markiere **i** rot.

2 Hänge **-in** oder **-ine** an und schreibe die Wörter auf. Markiere **i**.

Gardine,

3 Finde weitere Wörter mit der Endung **-ine**. Schreibe sie auf und markiere **i**.

– Kannst du es? S. 69
– Lehrerkommentar S. 73 / KV 22–24

1. Schreibe die Wörter mit **x** auf. Kontrolliere mit der Wörterliste und markiere **x** rot.

2. Bilde mit den Wörtern von Aufgabe 1 zusammengesetzte Nomen.

3. Schreibe die Tiernamen mit **chs** auf. Markiere **chs**.

4. Schreibe zu jedem Tier von Aufgabe 3 einen eigenen Satz.

– Kannst du es? S. 69
– Lehrerkommentar S. 74 / KV 22–24

1 Schlage die Wörter in der Wörterliste nach und schreibe sie mit der Seitenzahl auf.

         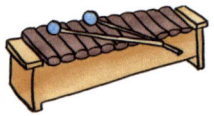

2 Auch diese Wörter kommen aus anderen Sprachen. Ordne sie nach dem **Abc** und führe dann ein Aufschreibtraining mit ihnen durch.

◯ Pony	◯ cool	◯ Pommes	*1* Addition	◯ Skizze
◯ Trainer	◯ Cent	◯ Theater	◯ Sneaker	◯ Baby
◯ Ketchup	◯ chatten	◯ mailen	◯ Garage	◯ Internet

– Kannst du es? S. 69
– Lehrerkommentar S. 75 / KV 22–24

1 Suche die Wörter zu den Bildern in der Wörterliste. Schreibe sie auf und markiere die Aufpass-Stellen.

Wir sind miteinander

2 Bilde zu jedem Wort von Aufgabe 1 ein zusammengesetztes Nomen.

3 Ordne die folgenden Wörter nach dem **Abc**.

nichts – sind – fair – dann – ganz –

wenn – ab – links – jetzt – denn

Diese Wörter braucht man sehr oft.

– Kannst du es? S. 69
– Lehrerkommentar S. 76 / KV 22–24

67

1 Schreibe zu den Bildern Sätze.

2 Finde passende Fragesätze und schreibe sie auf.

3 Hier kannst du Aufforderungssätze schreiben.

| schreiben Text Füller | kaufen Käfig Meerschweinchen | fahren Taxi Bahnhof | Handy mitnehmen Stadt |

1 Schreibe die Wörter auf und markiere die Aufpass-Stellen rot.

Male deine Sterne aus: ☆ ☆ ☆

→ Seite 80, Aufgabe 1−2

 2 Finde zu jeder Aufpass-Stelle zwei Beispiele und schreibe sie auf. Markiere rot.

Wörter mit ä ohne a	Wörter mit x	Wörter mit chs	Wörter mit ai

Male deine Sterne aus: ☆ ☆ ☆

→ Seite 80, Aufgabe 1−2

 3 Lauter Fremdwörter! Kannst du sie richtig aufschreiben?

Male deine Sterne aus: ☆ ☆ ☆

→ Seite 80, Aufgabe 3

Schreibe gute Sätze zu dem Bild.

Denke an unsere Tricks.

 70

– Weitere Übungen S. 81
– Lehrerkommentar S. 79

1 Diese Fehler findest du sicher leicht. Markiere und schreibe dann das Wort auf.

Kindergaten – _____   Brife – _____

Motorad – _____   Berkschuhe – _____

Nebllampe – _____   reitten – _____

Wasserfal – _____   lenger – _____

Langleufer – _____   Kustall – _____

---

  2 Vergleiche die beiden Texte sorgfältig und markiere falsche Schreibweisen in Lisas Text. Führe dann mit dem richtigen Text ein Aufschreibtraining durch.

Tafeltext	**So hat Lisa den Text geschrieben:**
Viele Menschen haben heute ein Fahrrad. Manche fahren damit zur Arbeit. Das spart Benzin und ist gut für die Gesundheit. Andere nutzen es in ihrer Freizeit. Familie Hut radelt im Sommer oft durch den Wald an einen kleinen See. Ich kenne einen Mann, der mit seinem Fahrrad eine Weltreise gemacht hat. In China transportieren die Menschen große Lasten auf ihren Rädern. Dort ist das Rad das häufigste Verkehrsmittel.	Vile Menschen haben heute ein Fahrad. Manche fahren damit zu Arbeit. Das spart benzin und ist gut für die Gesundheit. Andere nuzen es in ihrer Freizeit. Familie Hut radelt im Sommer durch den Walt an einen kleinen Se. Ich kenne einen Man, der mit seinem Fahrrad eine Weltreise gemach hat. In China transportiren die Menschen große lasten auf ihrem Rädern. Dort ist das Rad das häufigste Verkehrmittel.

★ Wir korrigieren

1 Kontrolliere die Groß- und Kleinschreibung der Wörter. Hake richtige Schreibweisen ab und korrigiere falsche. Bist du unsicher, hilft dir die Wörterliste.

stadt ☐	Quaken ☐	schwimmen ☐	Nass ☐	Heizen ☐
Eckig ☐	Zeitung ☐	hafen ☐	verstecken ☐	medizin ☐
Vergessen ☐	verkäuferin ☐	Voll ☐	rätsel ☐	plötzlich ☐
Glück ☐	fahren ☐	lexikon ☐	schlecht ☐	freude ☐

2 Kontrolliere die Groß- und Kleinschreibung der Wörter. Markiere falsche Schreibweisen farbig. Bist du unsicher, hilft dir die Wörterliste.

Unser Auge

der Augapfel liegt geschützt in der Augenhöhle

aus Festen knochen. Die Wimpern halten den staub ab.

Droht gefahr, schließen sich die Augenlider automatisch.

Die Brauen halten den schweiß ab. Bei dunkelheit weitet

sich die Pupille, bei Grellem licht zieht sie sich zusammen.

Unser Auge ist ein wirkliches wunder. wir müssen mit diesem

Wichtigen Sinnesorgan sorgfältig umgehen.

3 Schreibe den Text von Aufgabe 2 korrigiert auf.

4 Findest du alle Fehler? Markiere sie und schreibe die Wörter auf, die dir beim Richtigschreiben helfen.

Stelampe – gewint – gelp – Brif – Trefpunkt –
Ratwek – Flozirkus – treumen – Lender

> Denke an meine Tricks.

– Weitere Übungen S. 82
– Lehrerkommentar S. 81 / KV 25, 26

1 Findest du alle Fehler? Markiere sie. Die Anzahl der Striche und die Wörterliste oder das Wörterbuch helfen dir. Schreibe den Text anschließend fehlerfrei auf.

I **Kanst du die Bäume unterscheiden?**

I Die eiche hat eine knorrige Rinde und gebuchtete Blätter.

I Ihre Früche mögen die Wildschweine. Der Stamm der Buche

III ist glat und grau. Der Rant der Bletter ist gewellt. Die Birke

II erkennt man an ihrer schwazweißen Rinde und den dünen

II Zweigen. Die Kastanie komt häufig vor. Schtachelige Schalen

I hüllen die glenzenden Kastanien ein. Die gelappten Blätter

II des Ahorns färben sich im herbst ganz bund. Und die Linde?

II Sie hat herzförmige Blätter. Aus ihren Blüten Kocht man bei Fiber Tee.

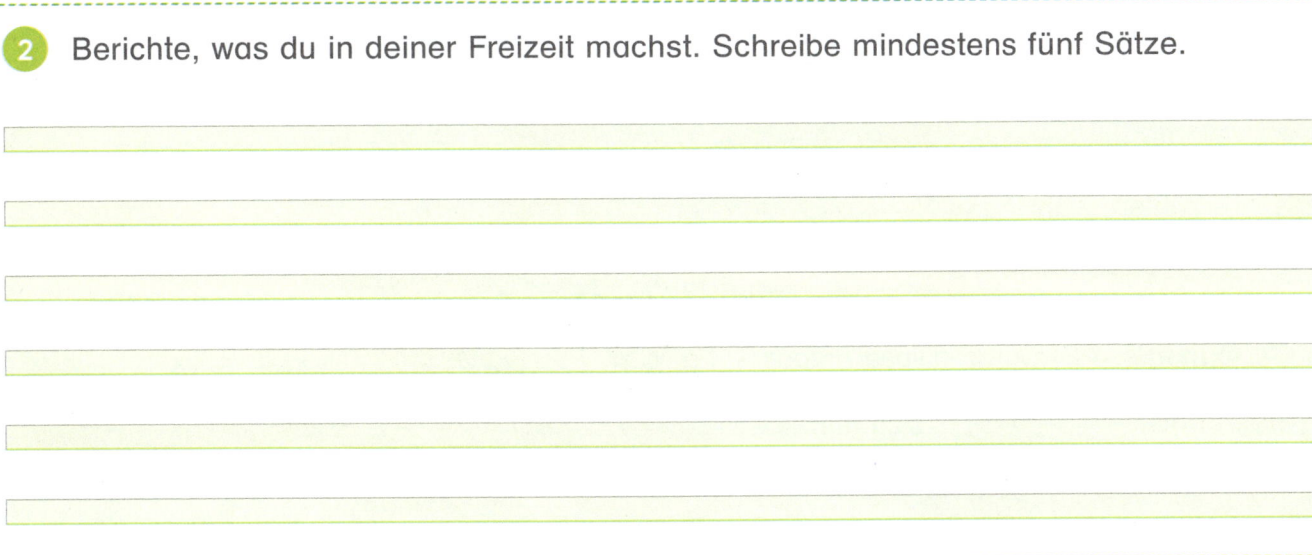

2 Berichte, was du in deiner Freizeit machst. Schreibe mindestens fünf Sätze.

3 Tausche deinen Text mit einer Partnerin oder einem Partner. Kontrolliert Unsicherheiten mit dem Wörterbuch. Zeige den Text zum Schluss deiner Lehrkraft.

– Weitere Übungen S. 82
– Lehrerkommentar S. 82 / KV 25, 26

Bei vielen Wörtern hört man alle Laute:
M i l ch, W u r s t, Sch a l, n e b e n, l a ch e n, g e n au, e t w a s, g e r n

Das habe ich gelernt:

Ich spreche die Wörter in Silben.

Es gibt Wörter mit **offenen** Silben:
Na-se, Bo-den, Zei-tung, heu-te

Es gibt Wörter mit **geschlossenen** Silben:
hel-fen, Fin-ger, mor-gen, El-tern

Ich höre KW, aber ich schreibe **qu/Qu**:
quaken, Quadrat, Quelle

Für diese Wörter kenne ich gute **Hilfen.**

Wörter mit **ie**:
Brie-fe, Tie-re, rie-chen, zie-len

Ich verlängere bei **b**, **d** oder **g** am Wortende:
Abend ➜ Aben-de
Berg ➜ Ber-ge
liebt ➜ lie-ben

Wörter mit **doppeltem Konsonanten**:
es-sen, kom-men, al-le, Bett ➜ Bet-ten

Ich verlängere bei **silbentrennendem h**:
steht ➜ ste-hen,
Kuh ➜ Kü-he,
früh ➜ frü-her

Wörter mit **ck** und **tz**:
Glück, verstecken, plötzlich, Platz

Wörter mit **ä/Ä** und **äu/Äu** von **a/A** und **au**:
Nächte – Nacht
läuft – laufen

Vorsicht! Wörter mit **h**:
fahren, zehn, Ohr, erzählen, wahr

Wörter mit **ä** ohne **a**:
Käfer, Mädchen, Käfig, Märchen

Wörter mit **ß**:
außer, Füße, draußen, heißen, Straße

Vorsicht! Wörter mit **aa, ee, oo**:
Haar, Schnee, See, Boot

Diese Aufpass-Stellen muss man sich **merken.**

Wörter mit **ks**-Laut:
Fuchs, sechs, Taxi, mixen

Wörter mit **v/V**:
viel, vielleicht, vier, voll, Vase, Vater, Vogel

Wörter mit **i**:
Familie, Tiger, Maschine

Fremdwörter:
Baby, Clown, cool, Handy, Jeans, mailen, Pizza

Wörter mit **ai** und **dt**:
Hai, Kaiser, Mai, Stadt, verwandt

— Lehrerkommentar S. 83

1 Setze die Nomen in die Einzahl und ordne sie dann richtig ein.

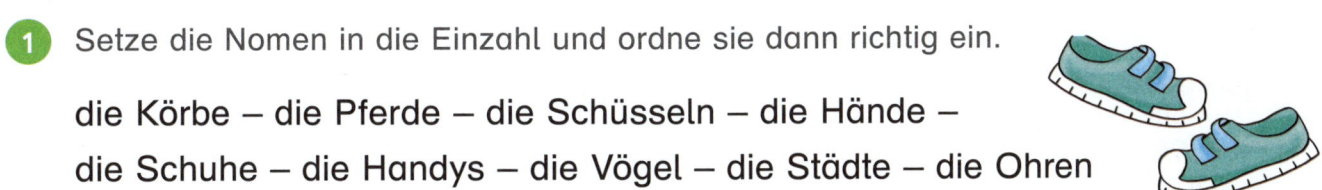

die Körbe – die Pferde – die Schüsseln – die Hände –
die Schuhe – die Handys – die Vögel – die Städte – die Ohren

der	die	das

2 Suche aus der Wörterliste für jede Spalte sechs Wörter. Schreibe sie mit Artikel auf.

3 Bilde mit den folgenden Wörtern ein zusammengesetztes Nomen.

Feuer – Erde – weiß – fallen – Haar – spielen – Tasche – vier – Ferien – Nuss

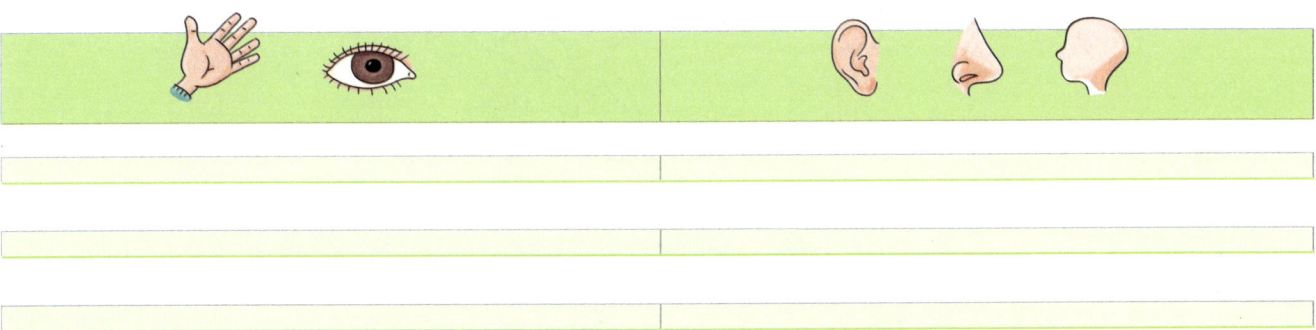

4 Bilde aus den folgenden Wörtern durch einen passenden Wortbaustein ein Nomen.

krank – backen – freundlich – erleben – öffnen – fernsehen –
schwierig – trocken – geheim – siegen – hoffen – ehrlich

1 Schreibe die Verben in der 3. Personalform Gegenwart auf.

schlafen – wollen – geben – sitzen – laufen – können – wissen –
treffen – müssen – helfen – sprechen – tragen – werfen – vergessen

schläft,

2 Setze nun die Verben von Aufgabe 1 in die 1. Vergangenheit.

schlief,

3 Setze jedes Verb mit mindestens drei passenden Wortbausteinen zusammen.

fallen:

kommen:

suchen:

nehmen:

4 Bilde aus den Nomen Verben und schreibe sie auf.

Traum – Fliege – Tank – Zelt – Zahl – Käufer – Erlebnis – Fisch – Angel – Ziel

5 Schreibe zu jedem Bild einen Satz. Nutze die Verben von dieser Seite.

1 Setze richtg ein: **d** oder **t**? Schreibe die Wörter dann auf und markiere **d**.

Vollmon☐ – Fahrra☐ – Bleistif☐ – Weißbro☐ – Han☐schuh – Lan☐schaft – Ro☐kehlchen – Schäferhun☐ – Luf☐ballon – Sommerklei☐

_____

_____

_____

2 Setze richtg ein: **g** oder **k**? Schreibe die Wörter dann auf und markiere **g**.

Schnellzu☐ – Bur☐ruine – Kleiderschran☐ – Vogelkäfi☐ – Stin☐tier – Fahradwe☐ – Fahrzeu☐ – Ausflu☐ – Tan☐stelle

_____

_____

_____

3 Schreibe zu jedem Wort ein verwandtes Wort mit **ä**. Markiere **ä/Ä**.

backen – _____   raten – _____   jagen – _____

kalt – _____   warm – _____   Angst – _____

Tag – _____   Apfel – _____   Gefahr – _____

4 Schreibe die Wörter zu den Bildern auf und überlege: **äu** oder **eu**? Markiere **äu**.

äu: _____

_____

eu: _____

_____

1 Ordne die Wörter richtig ein. Schreibe sie getrennt auf.

Zeitung – Sterne – Wälder – Käufer – trinken – steigen – rudern – schenken

Wir werden lang gesprochen: Wörter mit **offenen Silben**.	Wir werden kurz gesprochen: Wörter mit **geschlossenen Silben**.

2 Sprich die Wörter zu den Bildern und schreibe sie in die richtige Spalte von Aufgabe 1.

3 Setze ein: **i** oder **ie**? Schreibe die Wörter dann geordnet auf.

S☐b – s☐ngen – W☐nd – n☐mand – l☐gen –

Gew☐cht – Z☐ge – n☐cht – T☐re – Bl☐tze

ie:

i:

4 Schreibe die Verben auf und markiere den **doppelten Konsonanten**.
Schreibe dann mit diesen Verben gute Sätze in dein Heft.

1 Setze richtig ein: **k** oder **ck**?

Schne☐e – Ha☐en – Mar☐t – we☐en – Sto☐ – Mü☐e – Schau☐el

2 Setze richtig ein: **z** oder **tz**?

Her☐ – Spa☐ – wi☐ig – Kreu☐ung – Hi☐e – se☐en – schwar☐

3 Schreibe zu jedem Bild einen Satz. Benutze Verben mit **silbentrennendem h**. Markiere das **silbentrennende h** gelb.

4 Schreibe die Wörter zu den Bildern auf. Markiere **ß** rot.

5 Setze richtig ein: **ss** oder **ß**? Schreibe die Wörter dann in die Tabelle.

sto☐en – er i☐t – er a☐ – Gro☐eltern – Ki☐en – la☐en –

Ma☐band – mü☐en – Kla☐e – grü☐en – wi☐en – er wei☐

🔦≡ lang gesprochener Laut Wörter mit **ß**	🔦✋ kurz gesprochener Laut Wörter mit **ss**

1 Finde zu jeder Aufpass-Stelle drei Beispiele und schreibe sie auf. Die Wörterliste kann dir helfen. Markiere die Aufpass-Stelle rot.

Wörter mit ß	Wörter mit v/V	Wörter mit Dehnungs-h	Wörter mit aa, ee oder oo

2 Schreibe die Wörter zu den Bildern auf und markiere die Aufpass-Stellen rot.

3 Kannst du die Rätsel lösen? Schreibe die Wörter auf.

Viele Häuser, Straßen und Geschäfte:

Eine berühmte, meist blaue Hose:

Damit kann man mobil telefonieren:

Damit misst man die Temperatur:

Ein Musikinstrument mit Tasten:

Der 3. Und 5. Monat im Jahr: und

Schneewittchen und Hänsel und Gretel sind:

Buch, in dem man etwas nachschlagen kann:

Die Froscheier nennt man:

1 Schreibe mit jeder Wortgruppe einen guten Satz.

Nachmittag gehen Kai Schwimmbad	Sterne leuchten nachts viele Himmel	Taxi Gäste fahren Bahnhof	Lehrerin erklären Kindern Aufgabe

2 Schreibe zu dem Bild Sätze.

1 Groß oder klein? Setze richtig ein.

f oder F? ☐ rühling – ☐ reund – ☐ reundlich – ☐ ertig – ☐ erien – ☐ reiheit

s oder S? ☐ etzen – ☐ ieb – ☐ pitz – ☐ pitze – ☐ ehr – ☐ eptember – ☐ ee

b oder B? ☐ oxen – ☐ rief – ☐ licken – ☐ ett – ☐ lick – ☐ lind – ☐ eispiel

2 Finde den Fehler in jedem Wort. Markiere und schreibe die Wörter richtig auf.

Gesteig – Fahrad – weken – grüsen – quacken – Nämaschine – Tierre – Sege – schwirig – wolen – freude – Trinken – zen – Verkeufer – Rehkiz – Schneligkeit

3 Korrigiere die Geschichte. Markiere die Fehler und schreibe die Wörter richtig auf.

Ein super Geschenk

II Zum Geburztag bekam ich von meinen eltern einen Gutschein

I   für den Freizeitpark in unserer Nähe. Letzten Sontag sind wir

II hingefahren. Mein Freunt durfte mitkomen. Es war toll!

II Die Achterbahn schos wie eine rakete in die Höhe. In einem

III Bot padelten wir an Hindernissen vorbei durch einen Wasserfal.

II Danach war mein Hemd gans nass. Ich ließ es in der Sonne troknen.

II Luis aß einen grosen Teller Pommes und ich eine leckere Piza.

III Danach probirten wir noch fiele Stationen aus. Auf der Heimfart

I   schlifen wir im Auto ein.

a/A

Aal, der
ab
Abend, der
   Abende, die
abnehmen
Adjektiv, das
Affe, der
alle
Ameise, die
Ampel, die
Angst, die
   Ängste, die
ängstlich
Apfel, der
   Äpfel, die
Apfelsine, die
Aprikose, die
Arzt, der
Ärztin, die
   Ärztinnen, die
Ast, der
   Äste, die
Ausflug, der
   Ausflüge, die
außen
Auto, das

b/B

Baby, das
backen
Bäcker, der
Bad, das
   Bäder, die
Bagger, der
Bahn, das
Ball, der
   Bälle, die
Bank, die
   Bänke die
Bär, der
Baum, der
   Bäume, die
Beere, die
beginnen, begann,
   begonnen
Beispiel, das
   Beispiele, die
bellen

Benzin, das
Berg, der
   Berge, die
Bett, das,
   Betten, die
Biber, der
biegen, bogen
Biene, die
Bild, das
   Bilder, die
billig, billige
Birne, die
bissig, bissige
Blatt, das
   Blätter, die
Bleistift, der
blind, blinde
Blitz, der
   Blitze, die
Block, der
blühen
Boot, das
boxen
Braten, der
brennen, brannten
Brett, das
   Bretter die
Brief, der
   Briefe, die
Brille, die
bringen, brachten
Brot, das
Brücke, die
Burg, die
   Burgen, die

c/C

Cent, der
Clown, der
Computer, der

d/D

Dachs, der
Daumen, der
Delfin, der
Deutschland
dick
Dieb, der
   Diebe, die

draußen
drehen
Dromedar, das
dumm, dumme
Dummheit, die
dünn, dünne

e/E

Ecke, die
eckig, eckige
ehrlich
Ehrlichkeit, die
Eiche, die
Eichhörnchen, das
Eidechse, die
Eimer, der
Eis, das
Elefant, der
Eltern, die
E-Mail, die
Ende, das
endlich
entstehen
Erdbeere, die
Erde, die
erlauben
Erlaubnis, die
erleben
Erlebnis, das
erschrecken,
   erschraken
erzählen
Erzählung, die
essen, isst, aßen
euch
euer
Eule, die
Euro, der
Europa

f/F

Fabrik, die
fahren, fährt,
   fuhren
Fahrrad, das,
   Fahrräder, die
fallen, fällt,
   fielen
Familie, die

fangen, fängt,
   fingen
Farbe, die
Fass, das
   Fässer, die
Faust, die
   Fäuste, die
fehlen
Fehler, der
Fenster, das
Ferien, die
fernsehen
Fernseher, der
fertig, fertige
Feuer, das
Fieber, das
Fledermaus, die
Fleiß, der
fliegen, flogen
fliehen, flohen
Floh, der
   Flöhe, die
Flugzeug, das,
   Flugzeuge, die
Fluss, der
fotografieren
Fragezeichen, das
fremd, fremde
fressen, frisst,
   fraßen
Freude, die
Freund, der
   Freunde, die
frieren, froren
froh, frohe
fröhlich
früh, frühe
Frühling, der
Frühstück, das
Fuchs, der
Fuß, der
füttern

g/G

Gabel, die
ganz
Garten, der
   Gärten, die
Gebäude, das
bauen

geben, gibt,
   gaben
Geburtstag, der
Gefahr, die
gefährlich
gehen, gingen
Geld, das
   Gelder, die
Geschenk, das
Gesicht, das
gestern
gesund, gesunde
gewinnen,
   gewannen
Gewitter, das
gießen, gossen
giftig, giftige
glänzen,
   Glanz, der
glatt, glatte
Glocke, die
Glück, das
glücklich
Gras, das
   Gräser, die
greifen, griffen
Griff, der
groß
Größe, die
Gruß, der
grüßen
gut

h/H

Haare, die
haben, hat,
   hatten
Hafen, der
   Häfen, die
Hahn, der
Hai, der
Haken, der
halten, hält,
   hielten
Hand, die
   Hände, die
Handy, das
Hase, der
Heft, das
heiß

heißen, hießen
heizen
helfen, hilft,
   halfen
Herbst, der
Herz, das
heute
Hexe, die
hier
Hilfe, die
Hitze, die
hoffen
holen
Hund, der
   Hunde, die
hundert
Hunger, der
hungrig, hungrige

i/I

Igel, der
ihm
ihn, ihnen
ihr, ihrem, ihren
immer
impfen
informieren

j/J

Jäger, der jagen
Jaguar, der
Jahr, das
Jeans, die
jeder, jedem, jeden
jetzt
jung

k/K

Käfer, der
Käfig, der
   Käfige, die
Kakadu, der
Kaktus, der
Kalender, der
Kälte, die, kalt
Kamm, der
   Kämme, die
Känguru, das

Kaninchen, das
Kanne, die
kaputt, kaputte
Käse, der
Katze, die
Kind, das
   Kinder, die
Kirche, die
Kissen, das
Klasse, die
Klavier, das
Kleid, das
   Kleider, die
klettern
Kloß, der
Koffer, der
kommen, kamen
König, der
   Könige, die
können, kann,
   konnten
Korb, der,
   Körbe, die
krähen
Kraut, das
   Kräuter, die
Krebs, der
Kreuzung, die
kriechen, krochen
Krokodil, das
Kuh, die
   Kühe, die
kurz
küssen

l/L

Lachs, der
Laich, der
Lama, das
Lampe, die
Land, das
   Länder, die
lang, länger
Lärm, der
lassen, lässt,
   ließen
Lastwagen, der
laufen, läuft,
   liefen
Laus, die

Läuse, die
legen, lagen
Lehrer, der
leihen, liehen
Leiter, die
lesen, liest,
   lasen
leuchten
Leute, die
Lexikon, das
lieben
Lied, das
   Lieder, die
liegen, lagen
lila
links
Liter, der
Löffel, der
Löwe, der
Luchs, der
Luft, die

m/M

Mädchen, das
mähen
Mai, der
Mais, der
Mann, der
   Männer, die
Märchen, das
Markt, der
   Märkte, die
März, der
Maschine, die
Maß, das
Maus, die
   Mäuse, die
Medizin, die
Meer, das
mehr
messen, misst,
   maßen
Messer, das
Milch, die
Mittag, der
mixen
Mixer, der
Mond, der
   Monde, die
Moos, das

Mücke, die
Mühle, die
müssen, mussten
mutig, mutige
Mutter, die
Mütze, die

n/N

Nachmittag, der
Nacht, die
    Nächte, die
Nagel, der
    Nägel, die
nah, näher
nähen, Naht, die
Nase, die
Nashorn, das
nass, nasse
nehmen, nimmt,
    nahmen
neugierig,
    neugierige
neun
nichts
niemals
niemand,
    niemanden
Nilpferd, das
November, der
Nummer, die
nur
Nuss, die
    Nüsse, die

o/O

oben
Obst, das
Ofen, der
offen
öffnen
Öffner, der
Öffnung, die
ohne
Ohr, das

p/P

Paar, das
Päckchen, das

packen
Paket, das
Palme, die
Papagei, der
Pass, der
    Pässe, die
Pfeife, die
Pferd, das
    Pferde, die
Pfirsich, der
Pflaume, die
Pfütze, die
Pilz, der
Pinguin, der
Pizza, die
Platz, der
    Plätze, die
plötzlich
Polizeiauto, das
Pony, das
probieren
Punkt, der
Puppe, die
putzen

qu/Qu

Quader, der
Quadrat, das
quaken
Quelle, die

r/R

Rabe, der
Rad, das
    Räder, die
Radio, das
raten, rät,
    rieten
Rätsel, das
Räuber, der
    rauben
Raum, der
    Räume, die
rechts
Regenwurm, der
Reh, das Rehe, die
reiten, ritten
rennen, rannten
retten

richtig, richtige
riechen, rochen
roh, rohe
rot
rufen, riefen
Ruhe, die
ruhig, ruhige
rund, runde

s/S

Saft, der
    Säfte, die
Säge, die
Saite, die
sammeln
Sand, der
sandig, sandige
satt, satte
Satz, der
    Sätze, die
Säugling, der
    saugen
Säure, die, sauer
Schaukel, die
scheinen, schienen
schenken
schieben, schoben
Schiff, das
    Schiffe, die
schimpfen
Schirm, der
schlafen, schläft,
    schliefen
schlagen, schlägt
    schlugen
Schlange, die
schlecht
schließen,
    schlossen
schlimm, schlimme
Schloss, das
    Schlösser, die
Schlüssel, der
schmutzig,
    schmutzige
Schnecke, die
Schnee, der
schnell, schnelle
Schrank, der
    Schränke die

Schreck, der
schrecklich
schreiben,
    schrieben
Schuh, der
    Schuhe, die
Schule, die
Schüssel, die
schützen
schwarz
schwer
schwierig,
    schwierige
schwimmen,
    schwammen
schwitzen
sechs
See, der
sehen, sieht,
    sahen
sehr
seit
Seite, die
Sessel, der
setzen
Shampoo, das
sie
Sieb, das
    Siebe, die
sieben
singen, sangen
sitzen, saßen
Skizze, die
sofort
Sommer, der
Sonne, die
Sonntag, der
Spaß, der
    Späße, die
spät
Spatz, der
spazieren
Specht, der
Spiegel, der
spielen
Spinne, die
spitz
Spitze, die
Sportler, der
sprechen, spricht,
    sprachen

springen, sprangen
Spritze, die
Stab, der
    Stäbe, die
Stadt, die
    Städte, die
stark, stärker
Stecker, der
stehen, standen
steigen, stiegen
Stein, der
Stift, der
still, stille
stimmen
stinken, stanken
Stock, der
stoßen, stießen
Strand, der
    Strände, die
Straße, die
Strauch, der
    Sträucher, die
Strauß, der
    Sträuße, die
Stück, das
Stuhl, der
süß
Süßigkeiten, die

t/T

Tafel, die
Tag, der
    Tage, die
täglich
tanken
Taschenlampe, die
Tasse, die
tausend, tausende
Taxi, das
Teddy, der
Tee, der
Telefon, das
telefonieren
Teller, der
Teppich, der
Termin, der
Text, der
Theater, das
Thermometer, das
tief, tiefer

Tier, das
    Tiere, die
Tiger, der
Tintenfisch, der
Tomate, die
traben
tragen, trägt,
    trugen
Traktor, der
Träne, die
Traum, der
    Träume, die
träumen
treffen, trifft,
    trafen
trinken, tranken
trocken
Trompete, die
Tür, die

u/U

üben
überqueren
Uhr, die
Unterricht, der
Urlaub, der
    Urlaube, die

v/V

Vase, die
Vater, der
Verb, das
    Verben, die
verbieten, verboten
vergessen,
    vergisst,
    vergaßen
verkaufen
Verkäufer, der
Verkäuferin, die
    Verkäuferinnen,
    die
Verkehr, der
verletzen
Verletzung, die
verlieren, verloren
verstehen,
    verstanden
verwandt

verwechseln
viel, viele
vielleicht
vier
Viereck, das
Vitamin, das
Vogel, der
Vokal, der
voll
Vorfahrt, die
Vulkan, der

w/W

Waage, die
wachsen, wächst
    wuchsen
Wagen, der
Wahl, die
wahr
Wahrheit, die
Wal, der
Wald, der
    Wälder, die
Wanne, die
Wärme, die warm
waschen, wäscht,
    wuschen
Waschmaschine,
    die
Wasser, das
wechseln
wecken
Wecker, der
Weg, der
    Wege, die
wehen
weiß
wenig, wenige
werden, wird,
    wurden
werfen, wirft,
    warfen
Wette, die
wieder
wiegen, wogen
wild, wilde
Wildschwein, das
Winter, der
wissen, weiß,
    wussten

witzig, witzige
Woche, die
wohnen
Wohnung, die
Wolf, der
wollen, will
würfeln
Wurst, die

x/X

Xylofon, das

y/Y

Yoga, das

z/Z

zäh, zähe
Zahl, die
zahlen
zählen, Zahl, die
Zahn, der
    Zähne, die
Zaun, der
    Zäune, die
Zeh, der
    Zehen, die
zehn
zeigen
Zeitung, die
Zelt, das
Zettel, der
Zeugnis, das
Ziege, die
ziehen, zogen
zielen
Zimmer, das
Zitrone, die
Zoo, der
Zug, der
    Züge, die
zuletzt
zur
zurück
zusammen
Zwerg, der
    Zwerge, die
Zwiebel, die

Für diese Wörter gibt es einen Trick. Markiere die Aufpass-Stelle gelb.

Diese Wörter musst du dir merken. Markiere die Aufpass-Stelle rot.